D0831448

Eugène Ionesco

La Cantatrice chauve

Édition présentée,
établie et annotée
par Emmanuel Jacquart
Professeur à l'Université
des Sciences humaines de Strasbourg

Gallimard

À la mémoire de mon père
E.J.

PRÉFACE

Définir La Cantatrice chauve ? *Une gageure.*
Pièce de collection d'un auteur pince-sans-rire, elle se
compose de sketches désopilants qui culminent en un
dénouement tonitruant que les surréalistes n'auraient pas
désavoué. L'esprit juvénile de ce spectacle-titillation, la
dérision de ce spectacle-provocation, donnèrent naissance à
une aventure dont on connaît les principales péripéties.

Genèse et historique de la pièce.

Les confidences de l'auteur et une allocution pronon-
cée en 1958, partiellement reproduite dans Notes et
contre-Notes [1], *nous renseignent sur la genèse de* La
Cantatrice chauve. *De son propre aveu, Ionesco*
entreprit, en 1948, d'apprendre l'anglais — langue qu'il

---

1. « La Tragédie du langage », *Notes et contre-notes*, Folio/Essais,
p. 243-249.

*ignore encore aujourd'hui — grâce à la méthode Assimil
qui connaissait un certain succès. Le manuel de Chérel,*
L'Anglais sans peine, *mettait en scène des Anglais
typiques, animant un dialogue à dessein composé de
phrases brèves, de platitudes insérées dans un réseau de
structures grammaticales et de tournures idiomatiques :
« Dès la troisième leçon, rapporte Ionesco, deux personnages étaient mis en présence, dont je ne sais toujours
pas s'ils étaient réels ou inventés : M. et Mme Smith,
un couple d'Anglais. À mon grand émerveillement,
Mme Smith faisait connaître à son mari qu'ils avaient
plusieurs enfants, qu'ils habitaient dans les environs de
Londres, que leur nom était Smith, que M. Smith était
employé de bureau, qu'ils avaient une domestique, Mary,
Anglaise également, qu'ils avaient, depuis vingt ans, des
amis nommés Martin, que leur maison était un palais car
" la maison d'un Anglais est son vrai palais* [1] *". »*

*Ayant transcrit et relu les phrases pour les apprendre,
il est frappé par l'accumulation de clichés présentés
comme des révélations, et par le fait « que des vérités
antagonistes peuvent très bien coexister. C'est alors,
affirme-t-il, que j'eus une illumination. Il ne s'agissait
plus pour moi de parfaire ma connaissance de la langue
anglaise. [...] Mon ambition était devenue plus grande :
communiquer à mes contemporains les vérités essentielles
dont m'avait fait prendre conscience le manuel de*

---

1. *Ibid.*, p. 244. Le proverbe auquel il fait allusion est · « An Englishman's home is his castle. »

conversation franco-anglaise. D'autre part, les dialogues des Smith, des Martin, des Smith et des Martin, c'était proprement du théâtre, le théâtre étant dialogue. C'était donc une pièce de théâtre qu'il me fallait faire[1]. » *La méthode Assimil lui fournit donc ses matériaux, à savoir : les personnages (hormis le Capitaine des pompiers), l'usage systématique du cliché et le genre dramatique. Cédant aux impératifs du théâtre aussi bien qu'à son penchant naturel, Ionesco grossit démesurément les effets, accentue la banalité jusqu'à l'absurde, invente une pendule insolite, trouve un rythme et conçoit un dénouement. Restait le titre. L'auteur avait songé à* L'Anglais sans peine, *puis à* L'Heure anglaise. *Finalement, la cocasserie du hasard trancha : Henri-Jacques Huet ayant eu un lapsus en répétant le monologue du « Rhume », métamorphosa une « institutrice blonde » en « cantatrice chauve*[2] ». *Ce coup de baguette magique qui alliait la mystification à la provocation ne pouvait que séduire l'auteur.*

Le travail ultérieur de création et de maturation apparaît comme un processus inconscient : « Un phénomène bizarre se passa, je ne sais comment : le texte se

1. *Ibid.,* p. 245. Notons que plusieurs années avant d'écrire *La Cantatrice chauve* en français, Ionesco en avait conçu une version rédigée en roumain : *L'Anglais sans professeur.* Celle-ci, publiée tardivement (1965) en Roumanie, diffère sur plusieurs points de la version française. En outre, son sous-titre, « Comédie inédite en un acte », souligne l'intention comique, la pièce proposant en effet une parodie de l'apprentissage de l'anglais.

2. *Ibid.,* p. 253.

transforma sous mes yeux, insensiblement, contre ma
volonté [...]. *Les répliques du manuel, que j'avais*
pourtant correctement, soigneusement copiées, les unes à la
suite des autres, se déréglèrent [...]. *L'affirmation —*
aussi catégorique que solide : les sept jours de la semaine
sont lundi, mardi, mercredi, jeudi, vendredi, samedi,
dimanche — se détériora et M. Smith, mon héros,
enseignait que la semaine se composait de trois jours qui
étaient : mardi, jeudi et mardi. Mes personnages, mes
braves bourgeois, les Martin, mari et femme furent
frappés d'amnésie : bien que se voyant, se parlant tous les
jours, ils ne se reconnurent plus[1]. » *Si l'on en croit*
l'auteur, « *les vérités élémentaires et sages qu'ils échan-*
geaient, enchaînées les unes aux autres, étaient devenues
folles, [...] *la parole, absurde, s'était vidée de son*
contenu[2] [...] ». *Il s'était produit «* *une sorte d'effondre-*
ment du réel. Les mots étaient devenus des écorces sonores,
dénuées de sens ; les personnages aussi, bien entendu,
s'étaient vidés de leur psychologie, et le monde m'appa-
raissait dans une lumière insolite, peut-être dans sa
véritable lumière, au-delà des interprétations et d'une
causalité arbitraire[3] ». *Ainsi, au stade initial de la*

1. *Ibid.*, p. 246-247.
2. *Ibid.*, p. 247.
3. *Ibid.*, p. 248. Faut-il prendre cette déclaration à la lettre ?
Emporté par son élan, Ionesco exagère volontiers. Qu'on en juge en
comparant notre citation à une autre qui traite le même sujet avec
un talent dramatique amplifiant les effets : « Malheureuse initia-
tive : envahi par la prolifération de cadavres de mots, abruti par les

création, Ionesco n'entretenait aucune préoccupation idéo-logique, contrairement à ce qu'on a fréquemment affirmé par la suite. Tout au plus avait-il conscience d'écrire « une anti-pièce, c'est-à-dire une vraie parodie de pièce ». Une fois l'œuvre achevée il s'imagina « avoir écrit quelque chose comme la tragédie du langage [1] *! » Sans être controuvée, une telle remarque est aussi une boutade. Y a-t-il là de quoi s'étonner? L'auteur n'est-il pas un adepte du paradoxe et de l'exagération?*

Ionesco avait maintenant tout ce qu'il lui fallait. Tout, sauf l'essentiel : un théâtre! C'est alors qu'une amie d'origine roumaine, Monique Saint-Côme, révéla la pièce à un jeune metteur en scène dont elle était l'assistante. L'engouement fut immédiat. « Nicolas Bataille et ses comédiens, Paulette Frantz, Claude Mansard, Simone Mozet, Henri-Jacques Huet décidèrent de la mettre immédiatement en répétition [2]. » Mais, comme les titres proposés — L'Heure anglaise, Big Ben Folies, Une heure d'anglais — *pouvaient laisser supposer qu'il s'agissait d'une satire des Anglais [3], on choisit l'intitulé que l'on sait.*

Au cours du travail de répétition on « constata que la pièce avait du mouvement ; dans l'absence d'action, des

---

automatismes de la conversation, je faillis succomber au dégoût, à une tristesse innommable, à la dépression nerveuse, à une véritable asphyxie. » Texte cité par Simone Benmussa, *Ionesco*, p. 73.

1. *Notes et contre-notes*, p. 248.
2. *Ibid.*, p. 253.
3. *Ibid.*, p. 253

actions ; un rythme, un développement, sans intrigue ; une progression abstraite[1]. » *De tels propos prouvent que, manquant d'expérience, l'apprenti dramaturge n'aborda pas avec pleine conscience le problème de la progression dramatique. Cependant, comme le montre déjà* Non[2] *Ionesco était naturellement sensible au rythme.*

Mise à l'épreuve de la scène et des répétitions, la pièce subit certaines modifications. « Le Serpent et le renard », anecdote loufoque contée par M. Smith, fut mimée. De même, le dénouement fut modifié « d'un commun accord[3] ». *La solution initialement envisagée (qui devait convenir à un jeu plus burlesque et plus violent, un peu dans le style des frères Marx) nous est présentée de la façon suivante : « Pendant la querelle des Smith et des Martin, la bonne devait faire de nouveau son apparition et annoncer que le dîner était prêt : tout mouvement devait s'arrêter, les deux couples devaient quitter le plateau. Une fois la scène vide, deux ou trois compères devaient siffler, chahuter, protester, envahir le plateau. Cela devait amener l'arrivée du directeur du théâtre suivi du commissaire, des gendarmes : ceux-ci devaient fusiller les spectateurs révoltés, pour le bon exemple ; puis, tandis que le directeur et le commissaire se félicitaient réciproque-*

---

1. *Ibid.*, p. 254.
2. Gallimard, 1986. L'édition originale, en roumain, date de 1934.
3. *Notes et contre-notes*, p. 254. La fable intitulée « Le Serpent et le renard », ainsi que les répliques supprimées à la représentation figurent, toutefois, dans le texte publié.

ment de la bonne leçon qu'ils avaient pu donner, les gendarmes sur le devant de la scène, menaçants, fusil en main, devaient ordonner au public d'évacuer la salle[1]. » Mais un tel dénouement, délibérément explosif, délibérément provocateur, aurait exigé « un certain courage et sept à huit comédiens de plus, pour trois minutes supplémentaires. Trop de frais. Aussi avais-je écrit une seconde fin, plus facile à faire... Au moment de la querelle des Martin-Smith la bonne arrivait et annonçait d'une voix forte : " Voici l'auteur ! "

Les acteurs s'écartaient alors respectueusement, s'alignaient à droite et à gauche du plateau, applaudissaient l'auteur qui, à pas vifs, s'avançait devant le public, puis, montrant le poing aux spectateurs s'écriait : " Bande de coquins, j'aurai vos peaux ". Et le rideau devait tomber très vite[2]. » Ce dénouement dont la cocasserie ne parvenait pas à dissimuler la dimension narcissique, fut jugé trop polémique, incompatible avec le jeu stylisé et digne des comédiens. « Et c'est parce que je ne trouvais pas une autre fin que nous décidâmes de ne pas finir la pièce et de la recommencer. Pour marquer le caractère interchangeable des personnages, j'eus simplement l'idée de remplacer, dans le recommencement, les Smith par les Martin.

En Italie, le metteur en scène a trouvé une autre solution : le rideau tombe sur la querelle des personnages

1. *Ibid.*, p. 254-255.
2. *Ibid.*, p. 255.

qui s'empoignent en une sorte de danse frénétique, une sorte de bagarre-ballet. C'est aussi bien[1]. »

Achevée en 1949, la pièce fut créée le 11 mai 1950 au théâtre des Noctambules que dirigeait Pierre Leuris. Le spectacle qui débutait à dix-huit heures trente eut peu de succès et ne connut que vingt-cinq représentations. Pourtant, André Breton, Jean Tardieu, Raymond Queneau, Benjamin Péret, Gérard Philipe et Jacques Lemarchand en décelèrent immédiatement la valeur. D'ailleurs, en 1952, à l'occasion de la reprise de la pièce, ce dernier affirma dans Le Figaro : « *Le théâtre de la Huchette recèle en ses petits flancs de quoi faire sauter tous les théâtres de Paris... C'est le spectacle le plus intelligemment insolent que puisse voir quiconque aime mieux le théâtre que ne le font les directeurs de théâtre, mieux la sagesse que ne le font les professeurs, mieux la tragédie qu'on ne la sert au Grand-Guignol, et mieux la farce qu'on ne le fit jamais au Pont-Neuf. Quand nous serons bien vieux, nous tirerons grand orgueil d'avoir assisté aux représentations de* La Cantatrice chauve *et de* La Leçon[2]. »

Une fois jouée, la pièce fut publiée par Les Cahiers

1. *Ibid.*, p. 255.
2. Texte reproduit à la seconde page du programme de la Huchette, conçu pour le vingt-cinquième anniversaire de *La Cantatrice chauve*. Ce théâtre fut créé en 1948, sous la direction de Georges Vitaly. En 1952, Marcel Pinard prit sa suite. À la mort de celui-ci, les comédiens du spectacle Ionesco fondèrent une S. A. R. L., prévenant ainsi la disparition du théâtre.

du collège de pataphysique[1] *en 1952, par les Éditions Arcanes en 1953, et par Gallimard en 1954, dans le* Théâtre I. *Elle fut traduite en anglais en 1958.*

Le 16 février 1957 eut lieu la reprise de La Cantatrice chauve *et de* La Leçon *à la Huchette. Depuis lors, elles y ont été jouées sans interruption. Le 9 août 1980 correspondait à la 9 000ᵉ représentation et avec l'année 1987 on en comptabilisait plus de 11 000.* La Cantatrice chauve, *la pièce d'Ionesco la plus jouée dans le monde — les chiffres officiels en témoignent — fut, et est encore représentée dans de nombreux pays : Danemark, Suède, Norvège, Hollande, Allemagne, Suisse, Angleterre, Espagne, Algérie, Tunisie, Maroc, États-Unis, Brésil, Pologne, Tchécoslovaquie, Israël, Turquie, Grèce, etc. En 1971, la Compagnie Sagan, troupe japonaise dirigée par Nicolas Bataille, la joua à Tokyo. De passage à Paris en mai 1972, elle en donna une représentation, en japonais, au théâtre de la Huchette[2].*

La pérennité de La Cantatrice chauve *exigea que les comédiens se fassent périodiquement remplacer. Aussi un système de roulement fut-il institué. C'est ainsi que Nicolas Bataille, le créateur du rôle de M. Martin, fut*

---

1. Nᵒ 7, p. 11-19 et nᵒˢ 8-9, p. 59-68.
2. À l'exception du pompier qui portait un uniforme fonctionnel, les acteurs et les actrices portaient le kimono, costume associé dans l'opinion japonaise à la tradition et au conservatisme. De 1967 à 1982, Bataille monta une vingtaine de spectacles à Tokyo, dont *Jacques ou la Soumission.*

relayé par Paul Vervisch, Jacques Nolot, Guy Jacquet et Gilbert Beugniot, tous costumés par Jacques Noël qui avait également conçu les décors[1].

À chacun sa vérité : le conflit des interprétations.

Valéry affirmait sans ambages qu'une œuvre d'art n'appartient pas à son auteur : « [...] *on n'y insistera jamais assez :* il n'y a pas de vrai sens d'un texte. Pas d'autorité de l'auteur. Quoi qu'il ait voulu dire, il a écrit ce qu'il a écrit. Une fois publié, un texte est comme un appareil dont chacun peut se servir à sa guise et selon ses moyens : il n'est pas sûr que le constructeur en use mieux qu'un autre. Du reste, s'il sait bien ce qu'il a voulu faire, cette connaissance trouble toujours en lui la perception de ce qu'il a fait*[2]. » *Une telle opinion paraîtra tout à fait fondée lorsqu'on constate que les critiques interprétèrent la pièce de façons très diverses, selon la formation et les préjugés qui étaient les leurs. Jamais avare de mots, Ionesco crut bon, à plusieurs reprises, de mettre les choses au point. Ainsi, en 1966, il confia à Claude Bonnefoy que ses personnages,* « vidés de toute substance, de toute réalité psychologique [...] disent n'importe quoi et ce n'importe quoi n'a pas de significa-

---

1. Jacques Noël, qui créa les décors de la plupart des pièces d'Ionesco, obtint le Grand Prix National du théâtre en 1979.

2. *Œuvres*, Pléiade, t. I, 1958, p. 1506.

tion. C'est cela la pièce. [...] On a voulu donner de cela des interprétations psychologiques, sociologiques, réalistes, on a vu dans les personnages des petits bourgeois caricaturés. Peut-être. C'est un peu cela. Un peu[1] ».

Cette déclaration qui succède à plusieurs autres, se trouve éclairée par la conclusion d'un article qui aurait été publié en 1955 dans Arts *: « Si je dis moi-même que ce n'était qu'un jeu tout à fait gratuit, je n'infirme ni ne confirme les définitions ou les explications précédentes, car même le jeu gratuit, peut-être surtout le jeu gratuit, est chargé de toutes sortes de significations qui ressortent du jeu même. En réalité, en écrivant cette pièce, puis en écrivant celles qui ont suivi, je n'avais pas " une intention " au départ, mais une pluralité d'intentions mi-conscientes, mi-inconscientes[2]. » Cette affirmation empreinte d'ambiguïté, cette réponse de Normand laisse néanmoins transparaître la réaction initiale et spontanée :* La Cantatrice chauve *était « un jeu tout à fait gratuit ». Dans ces conditions, comment expliquer que la pièce ait suscité d'aussi vives réactions et que le dramaturge lui-même soit descendu dans l'arène ? L'homme éprouve une telle soif de signification que nulle œuvre n'y échappe. D'autant qu'après la création vint le temps de la théorisation : on envisagea alors la pièce selon diverses optiques, l'investissant de sens multiples, parfois incompatibles.*

---

1. *Entretiens avec Eugene Ionesco*, p. 94.
2. *Notes et contre-notes*, p. 230. La date proposée par le dramaturge, 1955, est incertaine.

Les principaux d'entre eux, présentés par Ionesco, figurent dans plusieurs écrits : un extrait de son journal intime (1951), deux articles, l'un intitulé « On m'a souvent prié » (1955 ?), l'autre : « Naissance de la cantatrice » (1959) ; et les entretiens publiés par Claude Bonnefoy (1966). Les lignes de force de ses réflexions s'orientent d'abord — comme toujours — vers une réfutation : *la pièce n'est pas une parodie du théâtre de boulevard, une critique des clichés et du comportement automatique des êtres, de la petite bourgeoisie ou une tentative de destruction du théâtre*[1]. *L'explication d'Ionesco est claire : « J'ai écrit là une pièce comique alors que le sentiment initial n'était pas un sentiment comique. Plusieurs choses se sont greffées sur ce point de départ : le sentiment de l'étrangeté du monde, les gens parlant une langue qui me devenait inconnue, les notions se vidant de leur contenu, les gestes dévêtus de leur signification, et aussi une parodie du théâtre, une critique des clichés de la conversation. Au fond, il en va toujours de même. Une pièce n'est pas ceci ou cela. Elle est plusieurs choses à la fois, elle est* et *ceci et cela*[2]. » *Bon gré, mal gré, l'esthétique de la création rejoint l'esthétique de la réception.*

Pourtant, quatre ans plus tôt, dans un extrait de son

1. *Ibid.*, p. 230.
2. Claude Bonnefoy, *Entretiens avec Eugène Ionesco*, p. 86. On notera que cette citation et la précédente se contredisent. *La Cantatrice chauve* était-elle donc une *parodie du théâtre ? Certainement, sinon pourquoi l'avoir sous-titrée* « anti-pièce » *?*

journal en date du 10 avril 1951, Ionesco théorisait :
« La Cantatrice chauve *aussi bien que* La
Leçon : *entre autres, tentatives d'un fonctionnement à
vide du mécanisme du théâtre. Essai d'un théâtre abstrait
ou non figuratif.* [...] *Il faut arriver à libérer la tension
dramatique sans le secours d'aucune véritable intrigue,
d'aucun objet particulier. On aboutira tout de même à la
révélation d'une chose monstrueuse : il le faut d'ailleurs,
car le théâtre est finalement révélation de choses monstrueuses, ou d'états monstrueux* [1] [...]. »

À *cette fascination pour le tératologique s'ajoute une
conclusion désormais connue :* « Théâtre abstrait.
Drame pur. Anti-thématique, anti-idéologique, anti-
réaliste-socialiste, anti-philosophique, anti-psychologique
de boulevard, anti-bourgeois, redécouverte d'un nouveau
théâtre libre* [2]. » *Ainsi, la réflexion conduit Ionesco vers
l'abstraction, vers la recherche d'une impossible pureté.
Mais, qu'on ne s'y trompe pas, il s'agit d'une théorisation* a posteriori, *l'auteur n'échappant pas, à cette
époque, au besoin de conférer à son œuvre un statut
nihiliste et avant-gardiste qu'il valorise* [3]. *Le plus
souvent, il admet que ses personnages représentent* « une
sorte de petite-bourgeoisie universelle, le petit-bourgeois
étant l'homme des idées reçues, des slogans, le conformiste

1. *Notes et contre-notes*, p. 250.
2. *Ibid.*, p. 251.
3. Dans ce domaine Ionesco s'est toutefois découvert un précur-
seur, Raymond Queneau, auteur des *Exercices de style*. Voir *Notes et
contre-notes*, p. 253.

de partout : ce conformisme, bien sûr, c'est son langage automatique *qui le révèle* [...]. *Les Smith, les Martin, ne savent plus parler, parce qu'ils ne savent plus penser*[1] [...] ». *En dernière analyse, cette interprétation a prévalu tant à l'Est qu'à l'Ouest. La critique a-t-elle influencé l'auteur, l'auteur a-t-il influencé la critique ? Sans doute les deux phénomènes sont-ils simultanément possibles et complémentaires, voire indissociables.*

De la mise en scène au texte.

Si les premières pièces d'Ionesco contiennent relativement peu de didascalies, on perçoit néanmoins une progression de La Cantatrice chauve *aux* Chaises. *Le dramaturge, dont l'expérience technique était d'abord restreinte, ne visualisait pas encore parfaitement sa création, mais le contact avec la scène et sa participation aux répétitions lui permirent d'approfondir et d'affiner son art.*

Avec La Cantatrice chauve, *Bataille rencontra des difficultés de deux ordres : des ressources extrêmement restreintes, et la mise au point délicate du jeu et du texte. Les premières nous sont connues grâce au témoignage de Simone Benmussa : « En 1950, au théâtre des Noctam-*

---

1. *Ibid.*, p. 249. Il s'agit de ceux qu'après les événements de 1968 Ionesco nomma les « rhinocéros du centre ». *Antidotes*, p. 99.

bules, Nicolas Bataille n'ayant pas suffisamment de
crédits, présenta la pièce sans décors, dans les rideaux,
avec toutefois quelques meubles qu'il avait été chercher,
aidé par les comédiens, au Village suisse. *L'intérieur
1900 était ainsi sommairement reconstitué. Claude
Autant-Lara avait prêté les costumes de* Occupe-toi
d'Amélie *qu'il filmait alors. Le directeur des Noctambules, Pierre Leuris, avait prêté son théâtre, chose rare,
car il s'était enthousiasmé à la lecture du manuscrit, le
metteur en scène apportant le spectacle en ordre de
marche*[1]. » On notera, de surcroît, que Bataille s'était
inspiré de la période victorienne dont la classe représenta-
tive était la bourgeoisie anglaise la plus conventionnelle,
du moins aux yeux des Français[2].

Sur des points de détail, il procéda à quelques
modifications (dont certaines ne furent pas reprises dans
le texte publié). Ainsi, la Bonne ne va pas au cinéma,
mais au cinématographe ; Mme Smith, de par son rang,
ne reprise pas des chaussettes, mais fait de la broderie

---

1. Simone Benmussa ajoute d'autre part : « En 1957, la troupe
s'est installée au théâtre de la Huchette avec *La Leçon*. Jacques Noël
avait déjà fait les décors de *La Leçon* que Marcel Cuvelier avait
présentée au théâtre de Poche en 1951. C'est à l'occasion de cette
rencontre que Jacques Noël fit aussi les décors et les costumes de *La
Cantatrice* » (S. Benmussa, *Ionesco*, p. 88, n. 42).

2. Simone Benmussa cite Nicolas Bataille qui se référait à Jules
Verne : « Monsieur Philéas Fogg est très bourgeois, il ne se déplace
pas sans emporter son salon, sa salle à manger, ses domestiques ; s'il
pouvait emporter sa maison entière pour faire le tour du monde, il
le ferait » (*Ibid.*, p. 88).

*anglaise ; le journal, les pantoufles, la pipe et le feu de
M. Smith sont évidemment anglais, au même titre que ses
lunettes et sa moustache. Enfin, la mentalité bourgeoise
transparaissait dans le ton condescendant sur lequel
Mme Smith disait au pompier : « Puisque vous n'êtes
pas trop pressé, monsieur le Capitaine, restez encore un
peu. Vous nous feriez plaisir*[1]. »

*Afin de jouer adéquatement leurs rôles, les comédiens
s'interrogèrent, comme l'exige leur formation, sur les
traits saillants des personnages et sur l'image qu'ils
projettent. La Bonne apparut comme un être énigmatique
et ambigu qui écoute aux portes, se gave de romans
policiers et fait figure de « princesse de tragédie qui lit*
Rouletabille, Fantômas, Le Mystère de la chambre jaune[2] ». *Le pompier fut perçu comme un « être
sans problème qui fait brusquement irruption dans un
univers clos où l'on s'ennuie ferme, un dimanche pluvieux,
en automne, dans les environs de Londres*[3] ».

*Quant aux Smith et aux Martin, ils s'imposèrent
comme des* archétypes de la bourgeoisie, *prisonniers
des conformismes, vivant tels des automates, n'ayant
aucune substance psychologique*[4]. *Une question se
posait alors : comment incarner des personnages dépourvus de toute motivation ? Scrutant le texte, Bataille y*

1. *Ibid.*, p. 89. La réplique de Mme Smith figure page 78.
2. Nicolas Bataille cité par Simone Benmussa, *Ionesco*, p. 78.
3. *Ibid.*, p. 77.
4. *Ibid.*, p. 75.

*releva quelques indices, vestiges de l'approche psychologi-
que traditionnelle. Ainsi, les Martin devaient représenter
les Smith avec dix ans de moins, mais déjà en proie à
l'aliénation puisque M. Martin disait : « Mes excuses,
madame, mais il me semble, si je ne me trompe, que je
vous ai déjà rencontrée quelque part*[1]. » *Sans doute
efficace au plan scénique cette approche traditionnelle,
étrangère à l'avant-garde, est cependant erronée, l'opinion
du dramaturge ne laissant aucun doute à ce sujet : « Le
dialogue des Martin était tout simplement un jeu. Je
l'avais inventé avec ma femme un jour dans le métro.
Nous étions séparés par la foule. Elle était montée par
une porte, et moi par une autre, et au bout de deux ou trois
stations, les passagers commençant à descendre et le
wagon à se vider, ma femme, qui a beaucoup d'humour,
est venue vers moi et m'a dit : " Monsieur, il me semble
que je vous ai rencontré quelque part. " J'ai accepté le jeu
et nous avons ainsi presque inventé la scène* [...].*

Maintenant, vouloir donner à cela un contenu psychologique, vouloir l'interpréter comme l'illustration d'un
couple qui ne se reconnaît plus, d'êtres qui ne sont plus
que des étrangers, en faire le drame de la solitude à
deux... cela me semble aller un peu trop loin*[2]. »

*Obéissant à une nécessité dramaturgique, Bataille
conféra toutefois cohérence et efficacité à un finale qui
méritait quelques aménagements préalables. Il trisse deux*

---

1. P. 53.
2. Cette version, qui me fut confirmée par le dramaturge, est citée par Simone Benmussa, *Ionesco*, p. 76.

répliques[1] et porte brusquement la tension à son comble, préparant ainsi le dénouement. L'exaspération ne deviendra cependant permanente qu'à la scène XI, après qu'une multitude de clichés ont explosé dans une atmosphère de plus en plus crispée : « *les coups que frappe la pendule sont plus nerveux* », « *l'hostilité et l'énervement iront grandissant* », jusqu'à ce que les personnages crient leurs répliques, « *levant les poings, prêts à se jeter les uns sur les autres*[2] ».

Deux temps forts marquent l'atmosphère fébrile, le premier intervenant lorsque, d'une voix exaspérée, M. Smith s'écrie : « *À bas le cirage!* », le second lorsque Mme Smith dit à propos de Mme Martin évanouie : « *N'y touchez pas, elle est brisée*[3]. »

Restait un dernier problème à régler : le choix d'un dénouement. C'est alors, précise Ionesco, qu' « *Akakia Viala, venue à une répétition suggéra de jouer la pièce deux fois de suite, sérieusement d'abord et d'une manière clownesque [...]. La trouvaille d'Akakia Viala de jouer sérieusement avait été tout à fait lumineuse. Bataille l'a reprise, enrichie, il a fait toutes sortes de découvertes*

1. Dès que Mme Smith annonce son intention de raconter une histoire, les deux hommes remarquent : « M. SMITH : Ma femme a toujours été romantique. / M. MARTIN : C'est une véritable Anglaise » (p. 82-83).

2. P. 96.

3. *Ibid.*, respectivement p. 95 et p. 98. Dans la mise en scène de Bataille, Mme Martin se précipite sur Mme Smith, mais, celle-ci la gifle, et Mme Martin s'évanouit.

quant aux comportements scéniques des personnages.[1] »
Ainsi, après le paroxysme final, on reprit le début de la pièce en invertissant les rôles des deux couples. Bataille décida en outre d'établir un « contrepoint », un jeu sérieux se superposant au texte comique.

Jouer de la sorte des répliques hilarantes, provoquer une discordance entre le « fond » et la « forme », entre le sens littéral et les connotations, nous plonge dans l'univers loufoque du non-sens. L'œuvre devient ainsi un immense jeu d'esprit, un immense jeu de mots, une suite de clins d'œil soulignant l'intention ludique. Cette technique « contrapuntique » reprise et prônée par Ionesco[2], se prêtant à de multiples modalités, est devenue l'un des procédés préférés du nouveau théâtre, Beckett et Adamov y ayant eu recours, eux aussi[3].

Malgré son indéniable succès, cette solution n'apparut pas comme la seule possible. Ionesco lui-même le souligna : « On a joué cette pièce de différentes façons. On l'a jouée très comique dans plusieurs pays. Un comique à la " Marx Brothers " ou à la " Helzappopin ". Cette façon de la présenter est très valable[4]. » Valable car elle ne trahit pas le texte.

---

1. Simone Benmussa, *Ionesco*, p. 87.

2. « Sur un texte burlesque, un jeu dramatique. Sur un texte dramatique, un jeu burlesque », *Notes et contre-notes*, p. 252.

3. Voir Emmanuel Jacquart, *Le Théâtre de dérision*, p. 179-186.

4. Simone Benmussa, *Ionesco*, p. 87. Parfois, l'intention comique apparaît nettement. Ainsi, Mme Smith dit à son mari : la soupe « avait plus de sel que toi. Ha ! ha ! ha ! », p. 43.

Le sens du non-sens.

Un agent extérieur infléchit la conversation des six fantoches qui animent la pièce. En effet, les impératifs pédagogiques de la méthode Assimil ne peuvent respecter le naturel et la logique propres à un dialogue réel. Dès les premières pages, la pièce laisse transparaître les thèmes étudiés dans le manuel (la nourriture, la maison, la santé, les liens de parenté, l'heure), les points de grammaire (la négation et l'affirmation, le comparatif et le superlatif), les expressions idiomatiques[1]*, l'étude de la civilisation anglaise et de ses stéréotypes reconnaissables jusque dans les patronymes Smith et Martin. À l'évidence, l'écart qui sépare* La Cantatrice chauve *de* L'Anglais sans peine *est énorme. En mutilant la logique pédagogique, en grossissant démesurément les effets, Ionesco aboutit au non-sens : on boit de « l'eau anglaise », on se nourrit de « yaourt roumain folklorique » « excellent pour l'estomac, les reins, l'appendicite et l'apothéose*[2] *». On donne même dans l'humour noir lorsque, piétinant allégrement les tabous on voit en Bobby Watson « le plus joli cadavre de Grande-Bretagne ! » Il est vrai qu'il « ne paraissait pas son âge. Pauvre Bobby, il y avait quatre ans qu'il était mort et il était encore chaud. Un véritable cadavre vivant. Et comme il était gai*[3] *»! Ionesco a donc, par le*

1. On relève par exemple p. 42-43 : « se lécher les babines », « savoir s'y prendre », « s'en mettre plein la lampe ».
2. P. 44.
3. P. 46-47.

biais de l'absurde, malmené la didactique des langues.
Ironie du sort, quelques années plus tard, il rédigera les
dialogues d'un manuel de français destiné aux anglo-
phones [1]*.*

Cela étant, comment pouvait-on achever une œuvre
dans laquelle la loufoquerie surgit à chaque virgule, à
chaque exclamation. La progression psychologique n'exis-
tant plus, restait le non-psychologique. La seule solution
efficace était de porter à son comble l'impact sensoriel.
Comme dans un dessin animé, la tension atteint son
paroxysme grâce à l'accélération du rythme et à l'amplifi-
cation du volume sonore jusqu'à la vociferation. La
conclusion logique — mais irréalisable — eût été de
désarticuler des personnages devenus des marionnettes,
dont la tête et les jambes seraient projetées sur le
plancher [2]*.*

L'explosion finale pulvérise le langage. Face à la prolifération *— procédé maintes fois exploité par la suite*
— des clichés et des automatismes, Ionesco découvre,
comme Roquentin devant une racine de marronnier, la
monstruosité du vide ; *vide du langage et de l'être une*

1. Ouvrage conçu par Michel Benamou, *Mise en train.*
2. Ce souhait impossible fut, grâce à un truquage, réalisé dans
un autre sketch : *Scène à quatre* : l'héroïne, que ses admirateurs
s'arrachent, passe des bras de l'un aux bras des trois autres,
virevolte autour d'une table, et perd successivement un soulier, puis
l'autre, son chapeau, sa jupe, un bras, puis l'autre, une jambe et ses
seins. Ionesco achève alors son sketch sur une pirouette : « Mesdames et Messieurs, je suis parfaitement d'accord avec vous. Ceci
est tout à fait idiot. » *Théâtre complet,* Pléiade, p. 380.

fois que la rationalité s'est effondrée. Cependant, par la dérision, sa démarche masque l'image inquiétante de ce vide qui, de l'aveu de l'auteur, fera qu'il est « pris d'un véritable malaise, de vertige, de nausées[1] » La réalité s'est muée en monstre[2].

Le fait qu'Ionesco mentionne les « états monstrueux [...] que nous portons en nous » et les « nausées » qui l'obligent à s'allonger « sur le canapé avec la crainte de le voir sombrer dans le néant[3] » fait évidemment songer à l'ouvrage qui révéla Sartre. Comme Ionesco, Roquentin a une « illumination[4] ». Il perçoit l'existence dans sa nudité. Ne subsiste alors qu'un magma de masses monstrueuses et molles[5]. La vue d'un galet, d'une racine de marronnier, de la banquette sur laquelle il est assis, de la vie qui prolifère *provoque la nausée. L'existence*, « *la pâte même des choses[6]* » *devient absurde au même titre que les clichés et les automatismes des Smith et des Martin. L'effondrement du sens qui, chez Sartre, révèle la prolifération du* ça, *s'harmonise avec une notion-clef de l'univers d'Ionesco : la nécessité de découvrir le monde avec des yeux neufs, dans un état d'étonnement profond,*

---

1. *Notes et contre-notes*, p. 248.
2. À propos de *La Cantatrice chauve*, Ionesco affirme que « le théâtre est finalement révélation de choses monstrueuses, ou d'états monstrueux, sans figures, ou de figures monstrueuses que nous portons en nous » (*ibid.*, p. 250).
3. *Ibid.*, p. 248.
4. *La Nausée*, Folio, p. 181 et *Notes et contre-notes*, p. 245.
5. *La Nausée*, p. 182.
6. *Ibid.*, p. 182.

proche de l'hallucination, qui déclenchera l'illumination [1].

Ainsi, La Cantatrice chauve *qui avait débuté comme un jeu désopilant aboutirait au malaise, la cyclothymie qui marque la personnalité de l'auteur se manifestant donc ici. On comprend alors qu'Ionesco ait pu affirmer :* « *Même dans* La Cantatrice chauve, *le comique n'est pas si comique que cela. C'est du comique pour les autres. Au fond, c'est l'expression d'une angoisse* [2]. »

1. On notera également que certains aspects de l'œuvre d'Ionesco rappellent, dans une perspective tout autre, quelques images sartriennes : le visqueux, la vase (titre d'un récit et d'un film d'Ionesco), l'obscénité de la chair. Certes, le dramaturge ne philosophe pas et s'en prend fréquemment à Sartre. Il vise moins l'auteur de *La Nausée* que le philosophe engagé, obsédé par le social, l'histoire, la politique, bref, tout ce qu'Ionesco exècre.

À l'époque où Ionesco écrivit *La Cantatrice chauve*, Sartre était au sommet de sa gloire et ses écrits étaient présents dans tous les esprits. Même Beckett, pourtant si éloigné de l'existentialisme, a puisé la notion qui servit de titre à l'un de ses romans, *L'Innommable*, dans *La Nausée*, ouvrage qui révélait l'absurdité de l'existence. Voir l'édition commentée par Georges Raillard, Gallimard, « Livre de poche université », 1966, p. 184.

Quant au phénomène de *prolifération*, il existe aussi dans *La Nausée*, Sartre évoquant par exemple le « bourgeonnement universel » de la chair (Raillard, p. 187). Certes, il se rencontre aussi chez Kafka, mais dans une autre perspective.

Enfin, Doubrovsky a cru pouvoir affirmer que « le symbolisme du trou », analysé par Sartre dans la deuxième partie de *L'Être et le Néant*, trouve un écho dans *Victimes du devoir* (« L'anti-théâtre est un théâtre total », dans Raymond Laubreaux, *Les Critiques de notre temps et Ionesco*, p. 42).

2. Claude Bonnefoy, *Entretiens avec Eugène Ionesco*, p. 131.

*Avant d'aboutir à cette conclusion, le dramaturge a,
sur un tout autre plan — celui de l'impulsion créatrice —
cédé à la séduction du comique.* « *Le vrai quart d'heure
cartésien*[1] » *qu'il nous propose procède d'un état d'esprit
déjà apparent dans* Non *et dans* Hugoliade[2] : *la
recherche de* « *l'extraordinaire* », *du loufoque, du contra-
dictoire. Il prend congé de l'univers de bon sens pour
embrasser celui du non-sens, voire du contresens, des écrits
macaroniques, des* limericks *d'Edward Lear, du monde
fantastique de Lewis Carroll*[3], *du* « *cadavre exquis* »
des surréalistes, proche parent de Bobby Watson.

*On a affirmé que chez Ionesco le langage était promu
au rang d'objet théâtral. En réalité, le matériau linguis-
tique ne revêt une telle importance que parce qu'il permet
la manipulation de la logique. Ce jeu nous prend à
contre-pied, nous désarçonne, dément nos présuppositions.
Le comique résulte donc de ce type d'incongruité. À
preuve, le comportement fantasque de la pendule promue
au rang de personnage. Sortie du monde des Frères Marx,
elle* « sonne vingt-neuf fois », *ou* « tant qu'elle
veut[4] ». *Ayant* « *l'esprit de contradiction* », *elle sonne*

---

1. Scène X, p. 92.

2. *Hugoliade*, 1982. Cette biographie satirique de Victor Hugo
parut dans une revue roumaine (*Ideea Românească*, nᵒˢ 2-4 et 5-10,
1935-1936). Elle constituait la première partie d'une étude qui ne
fut jamais achevée.

3. On notera que l'héroïne de Carroll et la fille des Martin se
prénomment toutes deux Alice.

4. Respectivement p. 59 et p. 62.

sept fois, puis trois, puis cinq fois, ou « souligne les répliques avec plus ou moins de force [1]. » *D'ailleurs, d'entrée de jeu, elle révélait sa nature insolite en frappant* « dix-sept coups anglais [2] » *infligeant ainsi un démenti catégorique à notre réalité quotidienne qui refuse l'impossibilité logique véhiculée par le langage, le son du carillon ne pouvant être* « anglais » *!*

Cette jonglerie avec l'impossible se retrouve dans bien des aspects de la pièce. L'anecdote intitulée « Le Rhume [3] » se compose d'une phrase immense, longue d'une trentaine de lignes, composée de relatives qui s'emboîtent les unes dans les autres comme des poupées gigognes, grâce à vingt connecteurs (dont, avec laquelle, qui) *sur le modèle suivant :* « *Mon beau-frère avait, du côté paternel, un cousin germain dont un oncle maternel avait un beau-père dont le grand-père paternel [...] [4].* »

Quatre anecdotes loufoques s'ajoutent à celle-ci, à savoir : « Le Chien et le bœuf, fable expérimentale » ; celle du veau qui mange du verre pilé comme les Frères Marx mangeaient des assiettes ; celle du coq qui voulut faire le chien. La dernière, intitulée « Le Serpent et le renard », déjoue notre attente puisque le renard est victorieux chez La Fontaine mais perdant chez Ionesco.

---

1. P. 63.
2. P. 41.
3. Ionesco revint ultérieurement à cette idée en écrivant une pièce intitulée *Le Rhume onirique.*
4. P. 84.

Totalement insensées, ces anecdotes frustrent donc notre besoin de signification.

La logique ludique qui sous-tend la pièce apparaît en pleine lumière dans l'épisode relatif à Bobby Watson. Son décès fut évoqué il y a trois ans mais Watson n'est mort que depuis deux ans et M. et Mme Smith se sont rendus à son enterrement, il y a un an et demi[1] ! Qui plus est, son épouse, les enfants qu'il n'a pas eus, sa tante et divers autres parents et parentes se nomment tous et toutes Bobby Watson. Les signifiés se fondent et se confondent donc en un même signifiant.

La prolifération d'un même signifié intervient — certes avec moins de succès — dans un poème étrange, digne des dadaïstes, intitulé « Le Feu » (p. 90-91) où, naturellement, tous les éléments prennent feu, particulièrement ceux qui sont ininflammables — pierre, château, homme, femme, animaux, eau et ciel ! Comme on pouvait s'y attendre, ni le feu, ni les cendres n'échappent à ce phénomène contagieux.

Dans la même veine, la scène XI repose sur une longue suite de « vérités premières », de faux dictons qui exploitent l'identité fondée sur la rime : « Celui qui vend aujourd'hui un bœuf, demain aura un œuf », ou encore : « Plutôt un filet dans un chalet que du lait dans un palais[2]. » Dans cette atmosphère loufoque, notre monde familier disparaît. C'est le règne de l'absurde généralisé,

1. Voir p. 46.
2. P. 93-94.

celui de la petite Alice qui a un œil rouge et un œil blanc, ou de Mme Smith qui affectionne les séries hétéromorphes : « *le yaourt est excellent pour l'estomac, les reins, l'appendicite et l'apothéose*[1]. » *Enfin le dénouement exploite la répétition, l'accumulation, l'assonance, la sériation et l'écholalie.*

En dernière analyse, La Cantatrice chauve, *ce coup d'essai, ce coup de maître, est, paradoxalement, un prolongement. On y retrouve en effet l'auteur de* Non, *son esprit de contradiction, sa dérision, la jubilation qu'il éprouve à créer* « *l'extraordinaire* », *à amplifier démesurément le non-sens comme il l'avait fait dans l'* « *Intermezzo numéro trois* », *intitulé* « *Le Trèfle à quatre feuilles* »

Le hasard aidant, cette pièce écrite à tâtons aboutit à une mise au point à laquelle participèrent Akakia Viala et Nicolas Bataille. Ce qui, initialement « n'était qu'un jeu tout à fait gratuit[2] » *une titillation de l'intellect prenant pour cible les clichés d'un manuel d'anglais, s'associa rapidement, dans le contexte idéologique de l'époque, à la critique parodique de la bourgeoisie. L'alliance de ces deux éléments contribua largement au succès international de la pièce.*

Précieuse, l'expérience acquise par l'auteur donna l'impulsion à une réflexion critique sur l'art dramatique.

---

1. P. 44.
2. *Notes et contre-notes*, p. 230. C'est nous qui soulignons.

*D'une part, Ionesco théorisa sur le théâtre « abstrait »,
théâtre qui refuse toutes les traditions, ou peu s'en faut*[1] *;
d'autre part, il adopta pour la composition de ses pièces,
la formule du « contrepoint » : « Sur un texte burlesque
un jeu dramatique, / Sur un texte dramatique, un jeu
burlesque*[2] *» Ce type d'approche, qui allait faire fortune
dans le théâtre de dérision, en particulier chez Adamov et
chez Beckett, s'inscrit indubitablement à l'actif de
l'époque.*

   La rédaction de La Cantatrice chauve *permit
également d'aborder des éléments qui se révéleront utiles
pour l'élaboration des pièces ultérieures. Ainsi, la caricature et la dérision de la bourgeoisie s'épanouiront dans*
Jacques ou la Soumission *et dans la pièce qui lui fait
suite :* L'avenir est dans les œufs. *La querelle
conjugale des Smith resurgit dans* Victimes du devoir
*où s'opposent Madeleine et le Policier et surtout,
démesurément grossie dans* La Colère *(1961) et dans*
Délire à deux *(1962). De même, la jubilation qu'Ionesco éprouve à ergoter sur des questions de logique fictive
s'exprime librement dans* La Leçon *et dans* Rhinocéros. *Ce goût pour le tératologique auquel succombe*
l'homo ludens *trouvait déjà son expression la plus
achevée dans les anecdotes loufoques de* La Cantatrice
chauve.

---

1. Cette théorisation s'exprimera même dans une pièce, *Victimes
du devoir*, Pléiade, p. 242-243.
2. *Notes et contre-notes*, p. 252. Extrait de son journal en date du
10 avril 1951.

L'originalité d'Ionesco se manifeste donc avec netteté. Mais, comme toute originalité, la sienne est nécessairement relative, tributaire d'un contexte, celui des avantgardes qui depuis le XIXe siècle trouvent leur expression en poésie, en peinture, en sculpture, et au théâtre : Baudelaire, Apollinaire, Maïakovski, Cocteau, Jean Arp, le dadaïsme et le surréalisme en sont de vivantes illustrations. L'esprit qui prévaut privilégie l'expérimentation, la provocation, le besoin de prendre le public à contre-pied, l'esthétique de l'art comme jeu, un jeu qui met en œuvre le hasard, le désordre et la juxtaposition des genres. En bref, l'originalité d'Ionesco s'inscrit dans la tradition de l'antitradition, dans la tradition du nouveau, en perpétuelle évolution.

Emmanuel Jacquart

LA CANTATRICE CHAUVE[1]

Anti-pièce[2]

M. SMITH	*Claude Mansard* [1]*.*
Mᵐᵉ SMITH	*Paulette Frantz.*
M. MARTIN	*Nicolas Bataille.*
Mᵐᵉ MARTIN	*Simone Mozet.*
MARY, la bonne	*Odette Barrois.*
LE CAPITAINE DES POMPIERS	*Henry-Jacques Huet.*

La Cantatrice chauve *a été représentée pour la première fois au théâtre des Noctambules, le 11 mai 1950, par la Compagnie Nicolas Bataille.*
      La mise en scène était de Nicolas Bataille.

SCÈNE I

Intérieur bourgeois anglais[1], avec des fauteuils anglais. Soirée anglaise. M. Smith, Anglais, dans son fauteuil et ses pantoufles anglais, fume sa pipe anglaise et lit un journal anglais, près d'un feu anglais. Il a des lunettes anglaises, une petite moustache grise, anglaise. À côté de lui, dans un autre fauteuil anglais, Mme Smith, Anglaise, raccommode des chaussettes[2] anglaises. Un long moment de silence anglais. La pendule anglaise frappe dix-sept coups anglais.

Mme SMITH : Tiens, il est neuf heures. Nous avons mangé de la soupe, du poisson, des pommes de terre au lard, de la salade anglaise. Les enfants ont bu de l'eau anglaise. Nous avons bien mangé, ce soir. C'est parce que nous habitons dans les environs de Londres et que notre nom est Smith.

M. SMITH, *continuant sa lecture, fait claquer sa langue*

Mme SMITH : Les pommes de terre sont très bonnes avec le lard, l'huile de la salade n'était pas rance. L'huile de l'épicier du coin est de bien meilleure qualité que l'huile de l'épicier d'en face, elle est même meilleure que l'huile de l'épicier du bas de la côte. Mais je ne veux pas dire que leur huile à eux soit mauvaise.

M. SMITH, *continuant sa lecture, fait claquer sa langue.*

Mme SMITH : Pourtant, c'est toujours l'huile de l'épicier du coin qui est la meilleure...

M. SMITH, *continuant sa lecture, fait claquer sa langue.*

Mme SMITH : Mary a bien cuit les pommes de terre, cette fois-ci. La dernière fois elle ne les avait pas bien fait cuire. Je ne les aime que lorsqu'elles sont bien cuites.

M. SMITH, *continuant sa lecture, fait claquer sa langue.*

Mme SMITH : Le poisson était frais. Je m'en suis léché les babines. J'en ai pris deux fois. Non, trois fois. Ça me fait aller aux cabinets. Toi aussi tu en as pris trois fois. Cependant, la troisième fois tu en as pris moins que les deux premières fois, tandis que moi j'en ai pris beaucoup plus. J'ai mieux mangé que toi, ce soir. Comment ça se fait ? D'habitude, c'est toi qui manges le plus. Ce n'est pas l'appétit qui te manque.

M. SMITH, *fait claquer sa langue.*

Mme SMITH : Cependant, la soupe était peut-être un peu trop salée. Elle avait plus de sel que toi. Ha! ha! ha! Elle avait aussi trop de poireaux et pas assez d'oignons. Je regrette de ne pas avoir conseillé à Mary d'y ajouter un peu d'anis étoilé [1]. La prochaine fois, je saurai m'y prendre.

M. SMITH, *continuant sa lecture, fait claquer sa langue.*

Mme SMITH : Notre petit garçon aurait bien voulu boire de la bière, il aimera s'en mettre plein la lampe, il te ressemble. Tu as vu à table, comme il visait la bouteille? Mais moi, j'ai versé dans son verre de l'eau de la carafe. Il avait soif et il l'a bue. Hélène me ressemble : elle est bonne ménagère, économe, joue du piano. Elle ne demande jamais à boire de la bière anglaise. C'est comme notre petite fille qui ne boit que du lait et ne mange que de la bouillie. Ça se voit qu'elle n'a que deux ans. Elle s'appelle Peggy.

La tarte aux coings et aux haricots a été formidable. On aurait bien fait peut-être de prendre, au dessert, un petit verre de vin de Bourgogne australien mais je n'ai pas apporté le vin à table afin de ne pas donner aux enfants une mauvaise preuve de gourmandise. Il faut leur apprendre à être sobre et mesuré dans la vie.

M. SMITH, *continuant sa lecture, fait claquer sa langue.*

Mᵐᵉ SMITH : Mrs Parker connaît un épicier roumain, nommé Popesco Rosenfeld[1], qui vient d'arriver de Constantinople. C'est un grand spécialiste en yaourt. Il est diplômé de l'école des fabricants de yaourt d'Andrinople. J'irai demain lui acheter une grande marmite de yaourt roumain folklorique[2]. On n'a pas souvent des choses pareilles ici, dans les environs de Londres.

M. SMITH, *continuant sa lecture, fait claquer sa langue.*

Mᵐᵉ SMITH . Le yaourt est excellent pour l'estomac, les reins, l'appendicite et l'apothéose. C'est ce que m'a dit le docteur Mackenzie-King[3] qui soigne les enfants de nos voisins, les Johns. C'est un bon médecin. On peut avoir confiance en lui. Il ne recommande jamais d'autres médicaments que ceux dont il a fait l'expérience sur lui-même. Avant de faire opérer Parker, c'est lui d'abord qui s'est fait opérer du foie, sans être aucunement malade.

M. SMITH : Mais alors comment se fait-il que le docteur s'en soit tiré et que Parker en soit mort ?

Mᵐᵉ SMITH : Parce que l'opération a réussi chez le docteur et n'a pas réussi chez Parker.

M. SMITH : Alors Mackenzie n'est pas un bon docteur. L'opération aurait dû réussir chez tous les deux ou alors tous les deux auraient dû succomber.

Mme SMITH : Pourquoi ?

M. SMITH : Un médecin consciencieux doit mourir avec le malade s'ils ne peuvent pas guérir ensemble. Le commandant d'un bateau périt avec le bateau, dans les vagues. Il ne lui survit pas.

Mme SMITH : On ne peut comparer un malade à un bateau.

M. SMITH : Pourquoi pas ? Le bateau a aussi ses maladies ; d'ailleurs ton docteur est aussi sain qu'un vaisseau ; voilà pourquoi encore il devait périr en même temps que le malade comme le docteur et son bateau.

Mme SMITH : Ah ! Je n'y avais pas pensé... C'est peut-être juste... et alors, quelle conclusion en tires-tu ?

M. SMITH : C'est que tous les docteurs ne sont que des charlatans. Et tous les malades aussi. Seule la marine est honnête en Angleterre.

Mme SMITH : Mais pas les marins.

M. SMITH : Naturellement.

Pause.

M. SMITH, *toujours avec son journal* : Il y a une chose que je ne comprends pas. Pourquoi à la rubrique de l'état civil, dans le journal, donne-t-on toujours l'âge des personnes décédées et jamais celui des nouveau-nés ? C'est un non-sens.

Mᵐᵉ SMITH : Je ne me le suis jamais demandé !

> *Un autre moment de silence. La pendule sonne sept fois. Silence. La pendule sonne trois fois. Silence. La pendule ne sonne aucune fois.*

M. SMITH, *toujours dans son journal* : Tiens, c'est écrit que Bobby Watson est mort.

Mᵐᵉ SMITH : Mon Dieu, le pauvre, quand est-ce qu'il est mort ?

M. SMITH : Pourquoi prends-tu cet air étonné ? Tu le savais bien. Il est mort il y a deux ans. Tu te rappelles, on a été à son enterrement, il y a un an et demi.

Mᵐᵉ SMITH : Bien sûr que je me rappelle. Je me suis rappelé tout de suite, mais je ne comprends pas pourquoi toi-même tu as été si étonné de voir ça sur le journal.

M. SMITH : Ça n'y était pas sur le journal. Il y a déjà trois ans qu'on a parlé de son décès. Je m'en suis souvenu par associations d'idées !

Mᵐᵉ SMITH : Dommage ! Il était si bien conservé.

M. SMITH : C'était le plus joli cadavre de Grande-Bretagne ! Il ne paraissait pas son âge.

Pauvre Bobby, il y avait quatre ans qu'il était mort et il était encore chaud. Un véritable cadavre vivant. Et comme il était gai !

Mme SMITH : La pauvre Bobby.

M. SMITH : Tu veux dire « le » pauvre Bobby.

Mme SMITH : Non, c'est à sa femme que je pense. Elle s'appelait comme lui, Bobby, Bobby Watson. Comme ils avaient le même nom, on ne pouvait pas les distinguer l'un de l'autre quand on les voyait ensemble. Ce n'est qu'après sa mort à lui, qu'on a pu vraiment savoir qui était l'un et qui était l'autre. Pourtant, aujourd'hui encore, il y a des gens qui la confondent avec le mort et lui présentent des condoléances. Tu la connais ?

M. SMITH : Je ne l'ai vue qu'une fois, par hasard, à l'enterrement de Bobby.

Mme SMITH : Je ne l'ai jamais vue. Est-ce qu'elle est belle ?

M. SMITH : Elle a des traits réguliers et pourtant on ne peut pas dire qu'elle est belle. Elle est trop grande et trop forte. Ses traits ne sont pas réguliers et pourtant on peut dire qu'elle est très belle. Elle est un peu trop petite et trop maigre. Elle est professeur de chant.

La pendule sonne cinq fois. Un long temps.

Mme SMITH : Et quand pensent-ils se marier, tous les deux ?

M. SMITH : Le printemps prochain, au plus tard.

Mᵐᵉ SMITH : Il faudra sans doute aller à leur mariage.

M. SMITH : Il faudra leur faire un cadeau de noces. Je me demande lequel ?

Mᵐᵉ SMITH : Pourquoi ne leur offririons-nous pas un des sept plateaux d'argent dont on nous a fait don à notre mariage à nous et qui ne nous ont jamais servi à rien ?

Court silence. La pendule sonne deux fois.

Mᵐᵉ SMITH : C'est triste pour elle d'être demeurée veuve si jeune.

M. SMITH : Heureusement qu'ils n'ont pas eu d'enfants.

Mᵐᵉ SMITH : Il ne leur manquait plus que cela ! Des enfants ! Pauvre femme, qu'est-ce qu'elle en aurait fait !

M. SMITH : Elle est encore jeune. Elle peut très bien se remarier. Le deuil lui va si bien.

Mᵐᵉ SMITH : Mais qui prendra soin des enfants ? Tu sais bien qu'ils ont un garçon et une fille. Comment s'appellent-ils ?

M. SMITH : Bobby et Bobby comme leurs parents. L'oncle de Bobby Watson, le vieux Bobby Watson est riche et il aime le garçon. Il pourrait très bien se charger de l'éducation de Bobby.

Mᵐᵉ SMITH : Ce serait naturel. Et la tante de Bobby Watson, la vieille Bobby Watson pourrait très bien, à son tour, se charger de l'éducation de Bobby Watson, la fille de Bobby Watson. Comme ça, la maman de Bobby Watson, Bobby, pourrait se remarier. Elle a quelqu'un en vue?

M. SMITH : Oui, un cousin de Bobby Watson.

Mᵐᵉ SMITH : Qui? Bobby Watson?

M. SMITH : De quel Bobby Watson parles-tu?

Mᵐᵉ SMITH : De Bobby Watson, le fils du vieux Bobby Watson l'autre oncle de Bobby Watson, le mort.

M. SMITH : Non, ce n'est pas celui-là, c'est un autre. C'est Bobby Watson, le fils de la vieille Bobby Watson la tante de Bobby Watson, le mort.

Mᵐᵉ SMITH : Tu veux parler de Bobby Watson, le commis-voyageur?

M. SMITH : Tous les Bobby Watson sont commis-voyageurs.

Mᵐᵉ SMITH : Quel dur métier! Pourtant, on y fait de bonnes affaires.

M. SMITH : Oui, quand il n'y a pas de concurrence.

Mme SMITH : Et quand n'y a-t-il pas de concurrence ?

M. SMITH : Le mardi, le jeudi et le mardi.

Mme SMITH : Ah! trois jours par semaine? Et que fait Bobby Watson pendant ce temps-là ?

M. SMITH : Il se repose, il dort.

Mme SMITH : Mais pourquoi ne travaille-t-il pas pendant ces trois jours s'il n'y a pas de concurrence ?

M. SMITH : Je ne peux pas tout savoir. Je ne peux pas répondre à toutes tes questions idiotes !

Mme SMITH, *offensée* : Tu dis ça pour m'humilier ?

M. SMITH, *tout souriant* : Tu sais bien que non.

Mme SMITH : Les hommes sont tous pareils! Vous restez là, toute la journée, la cigarette à la bouche ou bien vous vous mettez de la poudre et vous fardez vos lèvres, cinquante fois par jour, si vous n'êtes pas en train de boire sans arrêt !

M. SMITH : Mais qu'est-ce que tu dirais si tu voyais les hommes faire comme les femmes, fumer toute la journée, se poudrer, se mettre du rouge aux lèvres, boire du whisky ?

Mme SMITH : Quant à moi, je m'en fiche ! Mais si tu dis ça pour m'embêter, alors... je n'aime pas ce genre de plaisanterie, tu le sais bien !

Elle jette les chaussettes très loin et montre ses dents. Elle se lève*.

M. SMITH, *se lève à son tour et va vers sa femme, tendrement* : Oh! mon petit poulet rôti, pourquoi craches-tu du feu! tu sais bien que je dis ça pour rire! *(Il la prend par la taille et l'embrasse.)* Quel ridicule couple de vieux amoureux nous faisons! Viens, nous allons éteindre et nous allons faire dodo[1]!

SCÈNE II

LES MÊMES ET MARY

MARY, *entrant* : Je suis la bonne. J'ai passé un après-midi très agréable. J'ai été au cinéma avec un homme et j'ai vu un film avec des femmes. À la sortie du cinéma, nous sommes allés boire de l'eau-de-vie et du lait et puis on a lu le journal.

Mme SMITH : J'espère que vous avez passé un après-midi très agréable, que vous êtes allée au cinéma avec un homme et que vous avez bu de l'eau-de-vie et du lait.

M. SMITH : Et le journal!

---

* Dans la mise en scène de Nicolas Bataille, Mme Smith ne montrait pas ses dents, ne jetait pas très loin les chaussettes.

MARY : Mme et M. Martin, vos invités, sont à la porte. Ils m'attendaient. Ils n'osaient pas entrer tout seuls. Ils devaient dîner avec vous, ce soir.

Mme SMITH : Ah oui. Nous les attendions. Et on avait faim. Comme on ne les voyait plus venir, on allait manger sans eux. On n'a rien mangé, de toute la journée. Vous n'auriez pas dû vous absenter !

MARY : C'est vous qui m'avez donné la permission.

M. SMITH : On ne l'a pas fait exprès !

MARY, *éclate de rire. Puis, elle pleure. Elle sourit* : Je me suis acheté un pot de chambre.

Mme SMITH : Ma chère Mary, veuillez ouvrir la porte et faites entrer M. et Mme Martin, s'il vous plaît. Nous allons vite nous habiller.

> *Mme et M. Smith sortent à droite. Mary ouvre la porte à gauche par laquelle entrent M. et Mme Martin.*

SCÈNE III

MARY, LES ÉPOUX MARTIN

MARY . Pourquoi êtes-vous venus si tard ! Vous n'êtes pas polis. Il faut venir à l'heure.

Compris ? Asseyez-vous quand même là, et attendez, maintenant.

Elle sort.

SCÈNE IV

LES MÊMES, MOINS MARY

Mme et M. Martin s'assoient l'un en face de l'autre, sans se parler. Ils se sourient, avec timidité.

M. MARTIN *(le dialogue qui suit doit être dit d'une voix traînante, monotone, un peu chantante, nullement nuancée)* * : Mes excuses, madame[1], mais il me semble, si je ne me trompe, que je vous ai déjà rencontrée quelque part.

Mme MARTIN : À moi aussi, monsieur, il me semble que je vous ai déjà rencontré quelque part.

M. MARTIN : Ne vous aurais-je pas déjà aperçue, madame, à Manchester, par hasard ?

Mme MARTIN : C'est très possible. Moi, je suis originaire de la ville de Manchester ! Mais je ne

---

* Dans la mise en scène de Nicolas Bataille, ce dialogue était dit et joué sur un ton et dans un style sincèrement tragiques.

me souviens pas très bien, monsieur, je ne pourrais pas dire si je vous y ai aperçu, ou non !

M. MARTIN : Mon Dieu, comme c'est curieux ! Moi aussi je suis originaire de la ville de Manchester, madame !

Mᵐᵉ MARTIN : Comme c'est curieux !

M. MARTIN : Comme c'est curieux !... Seulement, moi, madame, j'ai quitté la ville de Manchester, il y a cinq semaines, environ *.

Mᵐᵉ MARTIN : Comme c'est curieux ! quelle bizarre coïncidence [1] ! Moi aussi, monsieur, j'ai quitté la ville de Manchester, il y a cinq semaines, environ.

M. MARTIN : J'ai pris le train d'une demie après huit le matin, qui arrive à Londres à un quart avant cinq [2], madame.

Mᵐᵉ MARTIN : Comme c'est curieux ! comme c'est bizarre ! et quelle coïncidence ! J'ai pris le même train, monsieur, moi aussi !

M. MARTIN : Mon Dieu, comme c'est curieux ! peut-être bien alors, madame, que je vous ai vue dans le train ?

Mᵐᵉ MARTIN : C'est bien possible, ce n'est pas exclu, c'est plausible et, après tout, pourquoi pas !... Mais je n'en ai aucun souvenir, monsieur !

---

* L'expression « environ » était remplacée, à la représentation, par « en ballon », malgré une très vive opposition de l'auteur.

M. MARTIN : Je voyageais en deuxième classe, madame. Il n'y a pas de deuxième classe en Angleterre, mais je voyage quand même en deuxième classe.

Mme MARTIN : Comme c'est bizarre, que c'est curieux, et quelle coïncidence ! moi aussi, monsieur, je voyageais en deuxième classe !

M. MARTIN : Comme c'est curieux ! Nous nous sommes peut-être bien rencontrés en deuxième classe, chère madame !

Mme MARTIN : La chose est bien possible et ce n'est pas du tout exclu. Mais je ne m'en souviens pas très bien, cher monsieur !

M. MARTIN : Ma place était dans le wagon n° 8, sixième compartiment, madame !

Mme MARTIN : Comme c'est curieux ! ma place aussi était dans le wagon n° 8, sixième compartiment, cher monsieur !

M. MARTIN : Comme c'est curieux et quelle coïncidence bizarre ! Peut-être nous sommes-nous rencontrés dans le sixième compartiment, chère madame ?

Mme MARTIN : C'est bien possible, après tout ! Mais je ne m'en souviens pas, cher monsieur !

M. MARTIN : À vrai dire, chère madame, moi non plus je ne m'en souviens pas, mais il est possible que nous nous soyons aperçus là, et si j'y pense bien, la chose me semble même très possible !

Mme MARTIN : Oh ! vraiment, bien sûr, vraiment, monsieur !

M. MARTIN : Comme c'est curieux !... J'avais la place n° 3, près de la fenêtre, chère madame.

Mme MARTIN : Oh, mon Dieu, comme c'est curieux et comme c'est bizarre, j'avais la place n° 6, près de la fenêtre, en face de vous, cher monsieur.

M. MARTIN : Oh, mon Dieu, comme c'est curieux et quelle coïncidence !... Nous étions donc vis-à-vis, chère madame ! C'est là que nous avons dû nous voir !

Mme MARTIN : Comme c'est curieux ! C'est possible mais je ne m'en souviens pas, monsieur !

M. MARTIN : À vrai dire, chère madame, moi non plus je ne m'en souviens pas. Cependant, il est très possible que nous nous soyons vus à cette occasion.

Mme MARTIN : C'est vrai, mais je n'en suis pas sûre du tout, monsieur.

M. MARTIN : Ce n'était pas vous, chère madame, la dame qui m'avait prié de mettre sa valise dans le filet et qui ensuite m'a remercié et m'a permis de fumer ?

Mme MARTIN : Mais si, ça devait être moi, monsieur ! Comme c'est curieux, comme c'est curieux, et quelle coïncidence !

M. MARTIN : Comme c'est curieux, comme c'est bizarre, quelle coïncidence ! Eh bien alors, alors, nous nous sommes peut-être connus à ce moment-là, madame ?

Mme MARTIN : Comme c'est curieux et quelle coïncidence ! c'est bien possible, cher monsieur ! Cependant, je ne crois pas m'en souvenir.

M. MARTIN : Moi non plus, madame.

Un moment de silence. La pendule sonne 2-1.

M. MARTIN : Depuis que je suis arrivé à Londres, j'habite rue Bromfield, chère madame.

Mme MARTIN : Comme c'est curieux, comme c'est bizarre ! moi aussi, depuis mon arrivée à Londres j'habite rue Bromfield, cher monsieur.

M. MARTIN : Comme c'est curieux, mais alors, mais alors, nous nous sommes peut-être rencontrés rue Bromfield, chère madame.

Mme MARTIN : Comme c'est curieux ; comme c'est bizarre ! c'est bien possible, après tout ! Mais je ne m'en souviens pas, cher monsieur.

M. MARTIN : Je demeure au n° 19. chère madame.

Mme MARTIN : Comme c'est curieux, moi aussi j'habite au n° 19, cher monsieur.

M. MARTIN : Mais alors, mais alors, mais alors, mais alors, mais alors, nous nous sommes peut-être vus dans cette maison, chère madame ?

Mme MARTIN : C'est bien possible, mais je ne m'en souviens pas, cher monsieur.

M. MARTIN : Mon appartement est au cinquième étage, c'est le n° 8, chère madame.

Mme MARTIN : Comme c'est curieux, mon Dieu, comme c'est bizarre ! et quelle coïncidence ! moi aussi j'habite au cinquième étage, dans l'appartement n° 8, cher monsieur !

M. MARTIN, *songeur* : Comme c'est curieux, comme c'est curieux, comme c'est curieux et quelle coïncidence ! vous savez, dans ma chambre à coucher j'ai un lit. Mon lit est couvert d'un édredon vert. Cette chambre, avec ce lit et son édredon vert, se trouve au fond du corridor, entre les water et la bibliothèque, chère madame !

Mme MARTIN : Quelle coïncidence, ah mon Dieu, quelle coïncidence ! Ma chambre à coucher a, elle aussi, un lit avec un édredon vert et se trouve au fond du corridor, entre les water, cher monsieur, et la bibliothèque !

M. MARTIN : Comme c'est bizarre, curieux, étrange ! alors, madame, nous habitons dans la même chambre et nous dormons dans le même lit, chère madame. C'est peut-être là que nous nous sommes rencontrés !

Mme MARTIN : Comme c'est curieux et quelle coïncidence ! C'est bien possible que nous nous y soyons rencontrés, et peut-être même la nuit dernière. Mais je ne m'en souviens pas, cher monsieur !

M. MARTIN : J'ai une petite fille, ma petite fille, elle habite avec moi, chère madame. Elle a deux ans, elle est blonde, elle a un œil blanc et un œil rouge, elle est très jolie, elle s'appelle Alice, chère madame.

Mme MARTIN : Quelle bizarre coïncidence ! moi aussi j'ai une petite fille, elle a deux ans, un œil blanc et un œil rouge, elle est très jolie et s'appelle aussi Alice, cher monsieur !

M. MARTIN, *même voix traînante, monotone* : Comme c'est curieux et quelle coïncidence ! et bizarre ! c'est peut-être la même, chère madame !

Mme MARTIN : Comme c'est curieux ! c'est bien possible, cher monsieur.

Un assez long moment de silence... La pendule sonne vingt-neuf fois.

M. MARTIN, *après avoir longuement réfléchi, se lève lentement et, sans se presser, se dirige vers Mme Martin qui, surprise par l'air solennel de M. Martin, s'est levée, elle aussi, tout doucement ; M. Martin a la même voix rare, monotone, vaguement chantante* . Alors, chère madame, je crois qu'il n'y a pas de doute, nous

nous sommes déjà vus et vous êtes ma propre épouse... Élisabeth, je t'ai retrouvée !

Mme MARTIN *s'approche de M. Martin sans se presser. Ils s'embrassent sans expression. La pendule sonne une fois, très fort. Le coup de la pendule doit être si fort qu'il doit faire sursauter les spectateurs. Les époux Martin ne l'entendent pas.*

Mme MARTIN : Donald, c'est toi, *darling !*

> *Ils s'assoient dans le même fauteuil, se tiennent embrassés et s'endorment. La pendule sonne encore plusieurs fois. Mary, sur la pointe des pieds, un doigt sur les lèvres, entre doucement en scène et s'adresse au public.*

SCÈNE V

LES MÊMES ET MARY

MARY : Élisabeth et Donald sont, maintenant, trop heureux pour pouvoir m'entendre. Je puis donc vous révéler un secret. Élisabeth n'est pas Élisabeth, Donald n'est pas Donald. En voici la preuve : l'enfant dont parle Donald n'est pas la fille d'Élisabeth, ce n'est pas la même personne. La fillette de Donald a un œil blanc et un autre rouge tout comme la fillette d'Élisabeth. Mais tandis que l'enfant de Donald a l'œil blanc à droite et l'œil rouge à gauche, l'enfant d'Élisabeth, lui, a l'œil rouge à droite et le blanc à gauche! Ainsi tout le système d'argumentation de Donald s'écroule en se heurtant à ce dernier obstacle qui anéantit toute sa théorie. Malgré les coïncidences extraordinaires qui semblent être des preuves définitives, Donald et Élisabeth n'étant pas les parents du même enfant ne sont pas Donald et Élisabeth. Il a beau croire qu'il est Donald, elle a beau se croire Élisabeth. Il a beau croire qu'elle est Élisabeth. Elle a beau croire qu'il est Donald : ils se trompent amèrement. Mais qui est le véritable Donald? Quelle est la véritable Élisabeth? Qui donc a intérêt à faire durer cette confusion? Je n'en sais rien. Ne tâchons pas de le savoir. Laissons les choses comme elles sont. *(Elle fait quelques pas vers la porte, puis revient et s'adresse au public.)* Mon vrai nom est Sherlock Holmes [1].

Elle sort.

SCÈNE VI

LES MÊMES SANS MARY

La pendule sonne tant qu'elle veut. Après de nombreux instants, Mme et M. Martin se séparent et reprennent les places qu'ils avaient au début.

M. MARTIN : Oublions, darling, tout ce qui ne s'est pas passé entre nous et, maintenant que nous nous sommes retrouvés, tâchons de ne plus nous perdre et vivons comme avant.

Mme MARTIN : Oui, *darling.*

SCÈNE VII

LES MÊMES ET LES SMITH

Mme et M. Smith entrent à droite, sans aucun changement dans leurs vêtements.

Mme SMITH : Bonsoir, chers amis ! excusez-nous de vous avoir fait attendre si longtemps. Nous avons pensé qu'on devait vous rendre les honneurs auxquels vous avez droit et, dès que nous avons appris que vous vouliez bien nous faire le plaisir de venir nous voir sans annoncer votre visite, nous nous sommes dépêchés d'aller revêtir nos habits de gala.

M. SMITH, *furieux* : Nous n'avons rien mangé toute la journée. Il y a quatre heures que nous vous attendons. Pourquoi êtes-vous venus en retard ?

> *Mme et M. Smith s'assoient en face des visiteurs. La pendule souligne les répliques, avec plus ou moins de force, selon le cas.*
>
> *Les Martin, elle surtout, ont l'air embarrassé et timide. C'est pourquoi la conversation s'amorce difficilement et les mots viennent, au début, avec peine. Un long silence gêné au début, puis d'autres silences et hésitations par la suite.*

M. SMITH : Hm.

> *Silence.*

Mme SMITH : Hm, hm.

> *Silence.*

Mme MARTIN : Hm, hm, hm.

> *Silence.*

M. MARTIN : Hm, hm, hm, hm.

> *Silence.*

Mme MARTIN : Oh, décidément.

> *Silence.*

M. MARTIN : Nous sommes tous enrhumés.

Silence.

M. SMITH : Pourtant il ne fait pas froid.

Silence.

Mme SMITH : Il n'y a pas de courant d'air.

Silence.

M. MARTIN : Oh non, heureusement.

Silence.

M. SMITH : Ah, la la la la.

Silence.

M. MARTIN : Vous avez du chagrin?

Silence.

Mme SMITH : Non. Il s'emmerde [1].

Silence.

Mme MARTIN : Oh, monsieur, à votre âge, vous ne devriez pas.

Silence.

M. SMITH : Le cœur n'a pas d'âge.

Silence.

M. MARTIN : C'est vrai.

Silence.

Mme SMITH : On le dit.

Silence.

Mme MARTIN : On dit aussi le contraire.

Silence.

M. SMITH : La vérité est entre les deux.

Silence.

M. MARTIN : C'est juste.

Silence.

Mme SMITH, *aux époux Martin* : Vous qui voyagez beaucoup, vous devriez pourtant avoir des choses intéressantes à nous raconter.

M. MARTIN, *à sa femme* : Dis, chérie, qu'est-ce que tu as vu aujourd'hui ?

Mme MARTIN : Ce n'est pas la peine, on ne me croirait pas.

M. SMITH : Nous n'allons pas mettre en doute votre bonne foi !

Mme SMITH : Vous nous offenseriez si vous le pensiez.

M. MARTIN, *à sa femme* : Tu les offenserais, chérie, si tu le pensais...

Mme MARTIN, *gracieuse* : Eh bien, j'ai assisté aujourd'hui à une chose extraordinaire. Une chose incroyable.

M. MARTIN : Dis vite, chérie.

M. SMITH : Ah, on va s'amuser.

Mme SMITH : Enfin !

Mme MARTIN : Eh bien, aujourd'hui, en allant au marché pour acheter des légumes qui sont de plus en plus chers...

Mme SMITH : Qu'est-ce que ça va devenir !

M. SMITH : Il ne faut pas interrompre, chérie, vilaine.

Mme MARTIN : J'ai vu, dans la rue, à côté d'un café, un monsieur convenablement vêtu, âgé d'une cinquantaine d'années, même pas, qui...

M. SMITH : Qui, quoi ?

Mme SMITH : Qui, quoi ?

M. SMITH, *à sa femme* : Faut pas interrompre, chérie, tu es dégoûtante.

Mme SMITH : Chéri, c'est toi, qui as interrompu le premier, mufle.

M. MARTIN : Chut. *(À sa femme.)* Qu'est-ce qu'il faisait, le monsieur ?

Mme MARTIN : Eh bien, vous allez dire que j'invente, il avait mis un genou par terre et se tenait penché.

M. MARTIN, M. SMITH, Mme SMITH : Oh !

Mme MARTIN : Oui, penché.

M. SMITH : Pas possible.

Mme MARTIN : Si, penché. Je me suis approchée de lui pour voir ce qu'il faisait...

M. SMITH : Eh bien ?

Mme MARTIN : Il nouait les lacets de sa chaussure qui s'étaient défaits.

LES TROIS AUTRES : Fantastique !

M. SMITH : Si ce n'était pas vous, je ne le croirais pas.

M. MARTIN : Pourquoi pas ? On voit des choses encore plus extraordinaires, quand on circule. Ainsi, aujourd'hui, moi-même, j'ai vu dans le métro, assis sur une banquette, un monsieur qui lisait tranquillement son journal.

Mme SMITH : Quel original !

M. SMITH : C'était peut-être le même !

On entend sonner à la porte d'entrée.

M. SMITH : Tiens, on sonne.

Mme SMITH : Il doit y avoir quelqu'un. Je vais voir. *(Elle va voir. Elle ouvre et revient.)* Personne.

Elle se rassoit.

M. MARTIN : Je vais vous donner un autre exemple...

Sonnette.

M. SMITH : Tiens, on sonne.

Mme SMITH : Ça doit être quelqu'un. Je vais voir. *(Elle va voir. Elle ouvre et revient.)* Personne.

Elle revient à sa place.

M. MARTIN, *qui a oublié où il en est* : Euh !...

Mme MARTIN : Tu disais que tu allais donner un autre exemple.

M. MARTIN : Ah oui...

Sonnette.

M. SMITH : Tiens, on sonne.

Mme SMITH : Je ne vais plus ouvrir.

M. SMITH : Oui, mais il doit y avoir quelqu'un !

Mme SMITH : La première fois, il n'y avait personne. La deuxième fois, non plus. Pourquoi crois-tu qu'il y aura quelqu'un maintenant ?

M. SMITH : Parce qu'on a sonné !

Mme MARTIN : Ce n'est pas une raison.

M. MARTIN : Comment ? Quand on entend sonner à la porte, c'est qu'il y a quelqu'un à la porte, qui sonne pour qu'on lui ouvre la porte.

Mme MARTIN : Pas toujours. Vous avez vu tout à l'heure !

M. MARTIN : La plupart du temps, si.

M. SMITH : Moi, quand je vais chez quelqu'un, je sonne pour entrer. Je pense que tout le monde fait pareil et que chaque fois qu'on sonne c'est qu'il y a quelqu'un.

Mme SMITH : Cela est vrai en théorie. Mais dans la réalité les choses se passent autrement. Tu as bien vu tout à l'heure.

Mme MARTIN : Votre femme a raison.

M. MARTIN : Oh! vous, les femmes, vous vous défendez toujours l'une l'autre.

Mᵐᵉ SMITH : Eh bien, je vais aller voir. Tu ne diras pas que je suis entêtée, mais tu verras qu'il n'y a personne! *(Elle va voir. Elle ouvre la porte et la referme.)* Tu vois, il n'y a personne.

Elle revient à sa place.

Mᵐᵉ SMITH : Ah! ces hommes qui veulent toujours avoir raison et qui ont toujours tort!

On entend de nouveau sonner*.

M. SMITH : Tiens, on sonne. Il doit y avoir quelqu'un.

Mᵐᵉ SMITH, *qui fait une crise de colère* : Ne m'envoie plus ouvrir la porte. Tu as vu que c'était inutile. L'expérience nous apprend que lorsqu'on entend sonner à la porte, c'est qu'il n'y a jamais personne.

Mᵐᵉ MARTIN . Jamais.

M. MARTIN : Ce n'est pas sûr.

M. SMITH : C'est même faux. La plupart du temps, quand on entend sonner à la porte, c'est qu'il y a quelqu'un.

Mᵐᵉ SMITH : Il ne veut pas en démordre.

---

* À la représentation tous les quatre se lèvent ensemble, brusquement, à ce nouveau coup de sonnette, alarmés. Ils se rassoient pendant que M. Smith va ouvrir.

Mme MARTIN : Mon mari aussi est très têtu.

M. SMITH : Il y a quelqu'un.

M. MARTIN : Ce n'est pas impossible.

Mme SMITH, *à son mari* : Non.

M. SMITH : Si.

Mme SMITH : Je te dis que non. En tout cas, tu ne me dérangeras plus pour rien. Si tu veux aller voir, vas-y toi-même !

M. SMITH : J'y vais.

> *Mme Smith hausse les épaules. Mme Martin hoche la tête.*

M. SMITH, *va ouvrir :* Ah ! how do you do[1] ! *(Il jette un regard à Mme Smith et aux époux Martin qui sont tous surpris.)* C'est le capitaine des pompiers !

SCÈNE VIII

LES MÊMES, LE CAPITAINE DES POMPIERS

LE POMPIER *(Il a, bien entendu, un énorme casque qui brille et un uniforme)* : Bonjour, mesdames et messieurs. *(Les gens sont encore un peu étonnés. Mme Smith, fâchée, tourne la tête et ne répond pas à son salut.)* Bonjour, madame Smith. Vous avez l'air fâché.

Mme SMITH : Oh !

M. SMITH : C'est que, voyez-vous... ma femme est un peu humiliée de ne pas avoir eu raison.

M. MARTIN : Il y a eu, monsieur le Capitaine des pompiers, une controverse entre madame et monsieur Smith.

Mᵐᵉ SMITH, *à M Martin* : Ça ne vous regarde pas! *(À M. Smith)* Je te prie de ne pas mêler les étrangers à nos querelles familiales.

M. SMITH : Oh, chérie, ce n'est pas bien grave. Le Capitaine est un vieil ami de la maison. Sa mère me faisait la cour, son père, je le connaissais. Il m'avait demandé de lui donner ma fille en mariage quand j'en aurais une. Il est mort en attendant.

M. MARTIN : Ce n'est ni sa faute à lui ni la vôtre.

LE POMPIER : Enfin, de quoi s'agit-il?

Mᵐᵉ SMITH : Mon mari prétendait...

M. SMITH : Non, c'est toi qui prétendais.

M. MARTIN : Oui, c'est elle.

Mᵐᵉ MARTIN : Non, c'est lui.

LE POMPIER : Ne vous énervez pas. Racontez-moi ça, madame Smith.

Mᵐᵉ SMITH : Eh bien, voilà. Ça me gêne beaucoup de vous parler franchement, mais un pompier est aussi un confesseur.

LE POMPIER : Eh bien ?

Mᵐᵉ SMITH : On se disputait parce que mon mari disait que lorsqu'on entend sonner à la porte, il y a toujours quelqu'un.

M. MARTIN : La chose est plausible.

Mᵐᵉ SMITH : Et moi, je disais que chaque fois que l'on sonne, c'est qu'il n'y a personne.

Mᵐᵉ MARTIN : La chose peut paraître étrange.

Mᵐᵉ SMITH : Mais elle est prouvée, non point par des démonstrations théoriques, mais par des faits.

M. SMITH : C'est faux, puisque le pompier est là. Il a sonné, j'ai ouvert, il était là.

Mᵐᵉ MARTIN : Quand ?

M. MARTIN : Mais tout de suite.

Mᵐᵉ SMITH : Oui, mais ce n'est qu'après avoir entendu sonner une quatrième fois que l'on a trouvé quelqu'un. Et la quatrième fois ne compte pas.

Mᵐᵉ MARTIN : Toujours. Il n'y a que les trois premières qui comptent.

M. SMITH : Monsieur le Capitaine, laissez-moi vous poser, à mon tour, quelques questions.

LE POMPIER : Allez-y.

M. SMITH : Quand j'ai ouvert et que je vous ai vu, c'était bien vous qui aviez sonné ?

LE POMPIER : Oui, c'était moi.

M. MARTIN : Vous étiez à la porte? Vous sonniez pour entrer?

LE POMPIER : Je ne le nie pas.

M. SMITH, *à sa femme, victorieusement* : Tu vois? j'avais raison. Quand on entend sonner, c'est que quelqu'un sonne. Tu ne peux pas dire que le Capitaine n'est pas quelqu'un.

Mme SMITH : Certainement pas. Je te répète que je te parle seulement des trois premières fois puisque la quatrième ne compte pas.

Mme MARTIN : Et quand on a sonné la première fois, c'était vous?

LE POMPIER : Non, ce n'était pas moi.

Mme MARTIN : Vous voyez? On sonnait et il n'y avait personne.

M. MARTIN : C'était peut-être quelqu'un d'autre?

M. SMITH : Il y avait longtemps que vous étiez à la porte?

LE POMPIER : Trois quarts d'heure.

M. SMITH : Et vous n'avez vu personne?

LE POMPIER : Personne. J'en suis sûr.

Mme MARTIN : Est-ce que vous avez entendu sonner la deuxième fois?

LE POMPIER : Oui, ce n'était pas moi non plus. Et il n'y avait toujours personne.

Mme SMITH : Victoire ! J'ai eu raison.

M. SMITH, *à sa femme* : Pas si vite. *(Au pompier.,* Et qu'est-ce que vous faisiez à la porte ?

LE POMPIER : Rien. Je restais là. Je pensais à des tas de choses.

M. MARTIN, *au pompier* : Mais la troisième fois... ce n'est pas vous qui aviez sonné ?

LE POMPIER : Si, c'était moi.

M. SMITH : Mais quand on a ouvert, on ne vous a pas vu.

LE POMPIER : C'est parce que je me suis caché... pour rire.

Mme SMITH : Ne riez pas, monsieur le Capitaine. L'affaire est trop triste.

M. MARTIN : En somme, nous ne savons toujours pas si, lorsqu'on sonne à la porte, il y a quelqu'un ou non !

Mme SMITH : Jamais personne.

M. SMITH : Toujours quelqu'un.

LE POMPIER : Je vais vous mettre d'accord. Vous avez un peu raison tous les deux. Lorsqu'on sonne à la porte, des fois il y a quelqu'un, d'autres fois il n'y a personne.

M. MARTIN : Ça me paraît logique.

Mᵐᵉ MARTIN : Je le crois aussi.

LE POMPIER : Les choses sont simples, en rea-
lité. *(Aux époux Smith.)* Embrassez-vous.

Mᵐᵉ SMITH : On s'est déjà embrassé tout à
l'heure.

M. MARTIN : Ils s'embrasseront demain. Ils ont
tout le temps.

Mᵐᵉ SMITH : Monsieur le Capitaine, puisque
vous nous avez aidés à mettre tout cela au clair,
mettez-vous à l'aise, enlevez votre casque et
asseyez-vous un instant.

LE POMPIER : Excusez-moi, mais je ne peux pas
rester longtemps. Je veux bien enlever mon
casque, mais je n'ai pas le temps de m'asseoir. *(Il
s'assoit, sans enlever son casque.)* Je vous avoue que je
suis venu chez vous pour tout à fait autre chose.
Je suis en mission de service.

Mᵐᵉ SMITH : Et qu'est-ce qu'il y a pour votre
service, monsieur le Capitaine ?

LE POMPIER : Je vais vous prier de vouloir bien
excuser mon indiscrétion *(très embarrassé)* ; euh *(il
montre du doigt les époux Martin)*... puis-je... devant
eux...

Mᵐᵉ MARTIN : Ne vous gênez pas.

M. MARTIN : Nous sommes de vieux amis. Ils
nous racontent tout.

M. SMITH : Dites.

LE POMPIER : Eh bien, voilà. Est-ce qu'il y a le feu chez vous ?

Mme SMITH : Pourquoi nous demandez-vous ça ?

LE POMPIER : C'est parce que... excusez-moi, j'ai l'ordre d'éteindre tous les incendies dans la ville.

Mme MARTIN : Tous ?

LE POMPIER : Oui, tous.

Mme SMITH, *confuse* : Je ne sais pas... je ne crois pas, voulez-vous que j'aille voir ?

M. SMITH, *reniflant* : Il ne doit rien y avoir. Ça ne sent pas le roussi *.

LE POMPIER, *désolé* : Rien du tout ? Vous n'auriez pas un petit feu de cheminée, quelque chose qui brûle dans le grenier ou dans la cave ? Un petit début d'incendie, au moins ?

Mme SMITH . Écoutez, je ne veux pas vous faire de la peine mais je pense qu'il n'y a rien chez nous pour le moment. Je vous promets de vous avertir dès qu'il y aura quelque chose.

LE POMPIER : N'y manquez pas, vous me rendriez service.

Mme SMITH : C'est promis.

---

* Dans la mise en scène de M. Nicolas Bataille, M. et Mme Martin reniflent aussi.

LE POMPIER, *aux époux Martin* : Et chez vous, ça ne brûle pas non plus ?

Mᵐᵉ MARTIN : Non, malheureusement.

M. MARTIN, *au pompier* : Les affaires vont plutôt mal, en ce moment !

LE POMPIER : Très mal. Il n'y a presque rien, quelques bricoles, une cheminée, une grange. Rien de sérieux. Ça ne rapporte pas. Et comme il n'y a pas de rendement, la prime à la production est très maigre.

M. SMITH : Rien ne va. C'est partout pareil. Le commerce, l'agriculture, cette année c'est comme pour le feu, ça ne marche pas.

M. MARTIN : Pas de blé, pas de feu.

LE POMPIER : Pas d'inondation non plus.

Mᵐᵉ SMITH : Mais il y a du sucre.

M. SMITH : C'est parce qu'on le fait venir de l'étranger.

Mᵐᵉ MARTIN : Pour les incendies, c'est plus difficile. Trop de taxes !

LE POMPIER : Il y a tout de même, mais c'est assez rare aussi, une asphyxie au gaz, ou deux. Ainsi, une jeune femme s'est asphyxiée, la semaine dernière, elle avait laissé le gaz ouvert.

Mᵐᵉ MARTIN : Elle l'avait oublié ?

LE POMPIER : Non, mais elle a cru que c'était son peigne.

M. SMITH : Ces confusions sont toujours dangereuses !

Mme SMITH : Est-ce que vous êtes allé voir chez le marchand d'allumettes ?

LE POMPIER : Rien à faire. Il est assuré contre l'incendie.

M. MARTIN : Allez donc voir, de ma part, le vicaire de Wakefield [1] !

LE POMPIER : Je n'ai pas le droit d'éteindre le feu chez les prêtres. L'Évêque se fâcherait. Ils éteignent leurs feux tout seuls ou bien ils le font éteindre par des vestales [2].

M. SMITH : Essayez voir chez Durand.

LE POMPIER : Je ne peux pas non plus. Il n'est pas anglais. Il est naturalisé seulement. Les naturalisés ont le droit d'avoir des maisons mais pas celui de les faire éteindre si elles brûlent.

Mme SMITH : Pourtant, quand le feu s'y est mis l'année dernière, on l'a bien éteint quand même !

LE POMPIER : Il a fait ça tout seul. Clandestinement. Oh, c'est pas moi qui irais le dénoncer.

M. SMITH : Moi non plus.

Mme SMITH : Puisque vous n'êtes pas trop pressé, monsieur le Capitaine, restez encore un peu. Vous nous feriez plaisir.

LE POMPIER : Voulez-vous que je vous raconte des anecdotes ?

Mme SMITH : Oh, bien sûr, vous êtes charmant.

Elle l'embrasse.

M. SMITH, Mme MARTIN, M. MARTIN : Oui, oui, des anecdotes, bravo !

Ils applaudissent.

M. SMITH : Et ce qui est encore plus intéressant, c'est que les histoires de pompier sont vraies, toutes, et vécues.

LE POMPIER : Je parle de choses que j'ai expérimentées moi-même. La nature, rien que la nature. Pas les livres.

M. MARTIN : C'est exact, la vérité ne se trouve d'ailleurs pas dans les livres, mais dans la vie.

Mme SMITH : Commencez !

M. MARTIN : Commencez !

Mme MARTIN : Silence, il commence.

LE POMPIER, *toussote plusieurs fois* : Excusez-moi, ne me regardez pas comme ça. Vous me gênez. Vous savez que je suis timide.

Mme SMITH : Il est charmant !

Elle l'embrasse.

LE POMPIER : Je vais tâcher de commencer quand même. Mais promettez-moi de ne pas écouter.

Mme MARTIN : Mais, si on n'écoutait pas, on ne vous entendrait pas.

LE POMPIER : Je n'y avais pas pensé !

Mme SMITH : Je vous l'avais dit : c'est un gosse.

M. MARTIN, M. SMITH : Oh, le cher enfant !

Ils l'embrassent *

Mme MARTIN : Courage.

LE POMPIER : Eh bien, voilà. *(Il toussote encore, puis commence d'une voix que l'émotion fait trembler.)* « Le Chien et le bœuf », fable expérimentale : une fois, un autre bœuf demandait à un autre chien : « pourquoi n'as-tu pas avalé ta trompe ? » « Pardon, répondit le chien, c'est parce que j'avais cru que j'étais éléphant. »

Mme MARTIN : Quelle est la morale ?

LE POMPIER : C'est à vous de la trouver.

M. SMITH : Il a raison.

Mme SMITH, *furieuse* : Une autre.

LE POMPIER : Un jeune veau avait mangé trop de verre pilé. En conséquence, il fut obligé d'accoucher. Il mit au monde une vache. Cependant, comme le veau était un garçon, la vache ne pouvait pas l'appeler « maman ». Elle ne pouvait pas lui dire « papa » non plus, parce que le

---

* Dans la mise en scène de M. Nicolas Bataille, on n'embrasse pas le pompier.

veau était trop petit. Le veau fut alors obligé de se marier avec une personne et la mairie prit alors toutes les mesures édictées par les circonstances à la mode.

M. SMITH : À la mode de Caen.

M. MARTIN : Comme les tripes.

LE POMPIER : Vous la connaissiez donc ?

Mme SMITH : Elle était dans tous les journaux.

Mme MARTIN : Ça s'est passé pas loin de chez nous.

LE POMPIER : Je vais vous en dire une autre. « Le Coq. » Une fois, un coq voulut faire le chien. Mais il n'eut pas de chance, car on le reconnut tout de suite.

Mme SMITH : Par contre, le chien qui voulut faire le coq n'a jamais été reconnu.

M. SMITH : Je vais vous en dire une, à mon tour : « Le Serpent et le renard[1] ». Une fois, un serpent s'approchant d'un renard lui dit : « Il me semble que je vous connais ! » Le renard lui répondit : « Moi aussi. » « Alors, dit le serpent, donnez-moi de l'argent. » « Un renard ne donne pas d'argent », répondit le rusé animal qui, pour s'échapper, sauta dans une vallée profonde pleine de fraisiers et de miel de poule. Le serpent l'y attendait déjà, en riant d'un rire méphistophélique. Le renard sortit son couteau en hurlant : « Je vais t'apprendre à vivre ! » puis s'enfuit, en tournant le dos. Il n'eut pas de chance. Le serpent fut plus vif. D'un coup de poing bien choisi, il frappa le renard en plein front, qui se brisa en mille morceaux, tout en s'écriant : « Non ! Non ! Quatre fois non ! Je ne suis pas ta fille *. »

Mme MARTIN : C'est intéressant.

Mme SMITH : C'est pas mal.

M. MARTIN *(il serre la main à M. Smith)* : Mes félicitations.

LE POMPIER, *jaloux* : Pas fameuse. Et puis, je la connaissais.

M. SMITH : C'est terrible.

Mme SMITH : Mais ça n'a pas été vrai.

Mme MARTIN : Si. Malheureusement.

M. MARTIN, *à Mme Smith* : C'est votre tour, Madame.

Mme SMITH : J'en connais une seule. Je vais vous la dire. Elle s'intitule : « Le Bouquet ».

M. SMITH : Ma femme a toujours été romantique.

---

* Cette anecdote a été supprimée à la représentation. M. Smith faisait seulement les gestes, sans sortir aucun son de sa bouche.

M. MARTIN : C'est une véritable Anglaise *.

Mᵐᵉ SMITH : Voilà : Une fois, un fiancé avait apporté un bouquet de fleurs à sa fiancée qui lui dit « merci »; mais avant qu'elle lui eût dit « merci », lui, sans dire un seul mot, lui prit les fleurs qu'il lui avait données pour lui donner une bonne leçon et, lui disant « je les reprends », il lui dit « au revoir » en les reprenant et s'éloigna par-ci, par-là.

M. MARTIN : Oh, charmant !

Il embrasse ou n'embrasse pas Mᵐᵉ Smith.

Mᵐᵉ MARTIN : Vous avez une femme, Monsieur Smith, dont tout le monde est jaloux.

M. SMITH : C'est vrai. Ma femme est l'intelligence même. Elle est même plus intelligente que moi. En tout cas, elle est beaucoup plus féminine. On le dit.

Mᵐᵉ SMITH, *au pompier* : Encore une, Capitaine.

LE POMPIER : Oh non, il est trop tard.

M. MARTIN : Dites quand même.

LE POMPIER : Je suis trop fatigué.

M. SMITH : Rendez-nous ce service.

M. MARTIN : Je vous en prie.

LE POMPIER : Non.

---

* Ces deux répliques étaient dites trois fois à la représentation.

Mme MARTIN : Vous avez un cœur de glace. Nous sommes sur des charbons ardents.

Mme SMITH, *tombe à ses genoux, en sanglotant, ou ne le fait pas* : Je vous en supplie.

LE POMPIER : Soit.

M. SMITH, *à l'oreille de Mme Martin* : Il accepte ! Il va encore nous embêter.

Mme MARTIN : Zut.

Mme SMITH : Pas de chance. J'ai été trop polie.

LE POMPIER : « Le Rhume » : Mon beau-frère avait, du côté paternel, un cousin germain dont un oncle maternel avait un beau-père dont le grand-père paternel avait épousé en secondes noces une jeune indigène dont le frère avait rencontré, dans un de ses voyages, une fille dont il s'était épris et avec laquelle il eut un fils qui se maria avec une pharmacienne intrépide qui n'était autre que la nièce d'un quartier-maître inconnu de la Marine britannique et dont le père adoptif avait une tante parlant couramment l'espagnol et qui était, peut-être, une des petites-filles d'un ingénieur, mort jeune, petit-fils lui-même d'un propriétaire de vignes dont on tirait un vin médiocre, mais qui avait un petit-cousin, casanier, adjudant, dont le fils avait épousé une bien jolie jeune femme, divorcée, dont le premier mari était le fils d'un sincère patriote qui avait su élever dans le désir de faire fortune une de ses filles qui put se marier avec un chasseur qui avait connu Rothschild et dont le frère, après avoir changé plusieurs fois de métier, se maria et eut une fille dont le bisaïeul, chétif, portait des lunettes que lui avait données un sien cousin, beau-frère d'un Portugais, fils naturel d'un meunier, pas trop pauvre, dont le frère de lait avait pris pour femme la fille d'un ancien médecin de campagne, lui-même frère de lait du fils d'un laitier, lui-même fils naturel d'un autre médecin de campagne, marié trois fois de suite dont la troisième femme...

M. MARTIN : J'ai connu cette troisième femme, si je ne me trompe. Elle mangeait du poulet dans un guêpier.

LE POMPIER : C'était pas la même.

Mme SMITH : Chut !

LE POMPIER : Je dis : ... dont la troisième femme était la fille de la meilleure sage-femme de la région et qui, veuve de bonne heure...

M. SMITH : Comme ma femme.

LE POMPIER : ... s'était remariée avec un vitrier, plein d'entrain, qui avait fait, à la fille d'un chef de gare, un enfant qui avait su faire son chemin dans la vie...

Mme SMITH : Son chemin de fer...

M. MARTIN : Comme aux cartes.

LE POMPIER : Et avait épousé une marchande de neuf saisons, dont le père avait un frère, maire d'une petite ville, qui avait pris pour femme une institutrice blonde dont le cousin, pêcheur à la ligne...

M. MARTIN : À la ligne morte?

LE POMPIER : ... avait pris pour femme une autre institutrice blonde, nommée elle aussi Marie, dont le frère s'était marié à une autre Marie, toujours institutrice blonde[1]...

M. SMITH : Puisqu'elle est blonde, elle ne peut être que Marie.

LE POMPIER : ... et dont le père avait été élevé au Canada par une vieille femme qui était la nièce d'un curé dont la grand-mère attrapait, parfois, en hiver, comme tout le monde, un rhume.

Mme SMITH : Curieuse histoire. Presque incroyable.

M. MARTIN : Quand on s'enrhume, il faut prendre des rubans.

M. SMITH : C'est une précaution inutile, mais absolument nécessaire.

Mme MARTIN : Excusez-moi, monsieur le Capitaine, mais je n'ai pas très bien compris votre histoire. À la fin, quand on arrive à la grand-mère du prêtre, on s'empêtre.

M. SMITH : Toujours, on s'empêtre entre les pattes du prêtre.

Mme SMITH : Oh oui, Capitaine, recommencez! tout le monde vous le demande.

LE POMPIER : Ah! je ne sais pas si je vais pouvoir. Je suis en mission de service. Ça dépend de l'heure qu'il est.

Mme SMITH : Nous n'avons pas l'heure, chez nous.

LE POMPIER : Mais la pendule?

M. SMITH : Elle marche mal. Elle a l'esprit de contradiction. Elle indique toujours le contraire de l'heure qu'il est.

SCÈNE IX

LES MÊMES, AVEC MARY

MARY : Madame... monsieur...

Mme SMITH : Que voulez-vous?

M. SMITH : Que venez-vous faire ici?

MARY : Que madame et monsieur m'excusent... et ces dames et messieurs aussi... je voudrais... je voudrais... à mon tour... vous dire une anecdote.

Mme MARTIN : Qu'est-ce qu'elle dit ?

M. MARTIN : Je crois que la bonne de nos amis devient folle... Elle veut dire elle aussi une anecdote.

LE POMPIER : Pour qui se prend-elle ? *(Il la regarde.)* Oh !

Mme SMITH : De quoi vous mêlez-vous ?

M. SMITH : Vous êtes vraiment déplacée, Mary...

LE POMPIER : Oh ! mais c'est elle ! Pas possible.

M. SMITH : Et vous ?

MARY : Pas possible ! ici ?

Mme SMITH : Qu'est-ce que ça veut dire, tout ça !

M. SMITH : Vous êtes amis ?

LE POMPIER : Et comment donc !

Mary se jette au cou du pompier.

MARY : Heureuse de vous revoir... enfin !

M. et Mme SMITH : Oh !

M. SMITH : C'est trop fort, ici, chez nous, dans les environs de Londres.

Mme SMITH : Ce n'est pas convenable !...

LE POMPIER : C'est elle qui a éteint mes premiers feux.

MARY : Je suis son petit jet d'eau.

M. MARTIN : S'il en est ainsi... chers amis... ces sentiments sont explicables, humains, honorables...

Mᵐᵉ MARTIN : Tout ce qui est humain est honorable.

Mᵐᵉ SMITH : Je n'aime quand même pas la voir là... parmi nous...

M. SMITH : Elle n'a pas l'éducation nécessaire...

LE POMPIER : Oh, vous avez trop de préjugés.

Mᵐᵉ MARTIN : Moi je pense qu'une bonne, en somme, bien que cela ne me regarde pas, n'est jamais qu'une bonne...

M. MARTIN : Même si elle peut faire, parfois, un assez bon détective.

LE POMPIER : Lâche-moi.

MARY : Ne vous en faites pas !... Ils ne sont pas si méchants que ça.

M. SMITH : Hum... hum... vous êtes attendrissants, tous les deux, mais aussi un peu... un peu...

M. MARTIN : Oui, c'est bien le mot.

M. SMITH : ... Un peu trop voyants...

M. MARTIN : Il y a une pudeur britannique, excusez-moi encore une fois de préciser ma pensée, incomprise des étrangers, même spécia-

listes, grâce à laquelle, pour m'exprimer ainsi...
enfin, je ne dis pas ça pour vous...

MARY : Je voulais vous raconter...

M. SMITH : Ne racontez rien...

MARY : Oh si !

Mme SMITH : Allez, ma petite Mary, allez genti-
ment à la cuisine y lire vos poèmes, devant la
glace...

M. MARTIN : Tiens, sans être bonne, moi aussi
je lis des poèmes devant la glace.

Mme MARTIN : Ce matin, quand tu t'es regardé
dans la glace tu ne t'es pas vu.

M. MARTIN : C'est parce que je n'étais pas
encore là...

MARY : Je pourrais, peut-être, quand même
vous réciter un petit poème.

Mme SMITH : Ma petite Mary, vous êtes épou-
vantablement têtue.

MARY : Je vais vous réciter un poème, alors,
c'est entendu ? C'est un poème qui s'intitule « Le
Feu » en l'honneur du Capitaine.

LE FEU.

Les polycandres[1] brillaient dans les bois
Une pierre prit feu
Le château prit feu

La forêt prit feu
Les hommes prirent feu
Les femmes prirent feu
Les oiseaux prirent feu
Les poissons prirent feu
L'eau prit feu
Le ciel prit feu
La cendre prit feu
La fumée prit feu
Le feu prit feu
Tout prit feu
Prit feu, prit feu

Elle dit le poème poussée par les Smith hors de la pièce.

SCÈNE X

LES MÊMES, SANS MARY

Mᵐᵉ MARTIN : Ça m'a donné froid dans le dos

M. MARTIN : Il y a pourtant une certaine chaleur dans ces vers...

LE POMPIER : J'ai trouvé ça merveilleux.

Mᵐᵉ SMITH : Tout de même...

M. SMITH : Vous exagérez...

LE POMPIER : Écoutez, c'est vrai... tout ça c'est très subjectif... mais ça c'est ma conception du monde. Mon rêve. Mon idéal... et puis ça me rappelle que je dois partir. Puisque vous n'avez pas l'heure, moi, dans trois quarts d'heure et seize minutes exactement j'ai un incendie, à l'autre bout de la ville[1]. Il faut que je me dépêche. Bien que ce ne soit pas grand-chose.

Mme SMITH : Qu'est-ce que ce sera ? Un petit feu de cheminée ?

LE POMPIER : Oh même pas. Un feu de paille et une petite brûlure d'estomac.

M SMITH : Alors, nous regrettons votre départ.

Mme SMITH : Vous avez été très amusant.

Mme MARTIN : Grâce à vous, nous avons passé un vrai quart d'heure cartésien.

LE POMPIER *se dirige vers la sortie, puis s'arrête* : À propos, et la Cantatrice chauve ?

Silence général, gêne.

Mme SMITH : Elle se coiffe toujours de la même façon[2] !

LE POMPIER : Ah ! Alors au revoir, messieurs, dames.

M. MARTIN : Bonne chance, et bon feu !

LE POMPIER : Espérons-le. Pour tout le monde.

Le pompier s'en va. Tous le conduisent jusqu'à la porte et reviennent à leurs places.

SCÈNE XI

LES MÊMES, SANS LE POMPIER

Mme MARTIN : Je peux acheter un couteau de poche pour mon frère, mais vous ne pouvez acheter l'Irlande pour votre grand-père [1].

M. SMITH : On marche avec les pieds, mais on se réchauffe à l'électricité ou au charbon.

M. MARTIN : Celui qui vend aujourd'hui un bœuf, demain aura un œuf.

Mme SMITH : Dans la vie, il faut regarder par la fenêtre.

Mme MARTIN : On peut s'asseoir sur la chaise, lorsque la chaise n'en a pas.

M. SMITH : Il faut toujours penser à tout.

M. MARTIN : Le plafond est en haut, le plancher est en bas.

Mme SMITH : Quand je dis oui, c'est une façon de parler.

Mme MARTIN : À chacun son destin.

M. SMITH : Prenez un cercle, caressez-le, il deviendra vicieux !

Mme SMITH : Le maître d'école apprend à lire aux enfants, mais la chatte allaite ses petits quand ils sont petits.

Mme MARTIN : Cependant que la vache nous donne ses queues.

M. SMITH : Quand je suis à la campagne, j'aime la solitude et le calme.

M. MARTIN : Vous n'êtes pas encore assez vieux pour cela.

Mme SMITH : Benjamin Franklin avait raison : vous êtes moins tranquille que lui.

Mme MARTIN : Quels sont les sept jours de la semaine ?

M. SMITH : *Monday, Tuesday, Wednesday, Thursday, Friday, Saturday, Sunday.*

M. MARTIN : *Edward is a clerck ; his sister Nancy is a typist, and his brother William a shop-assistant* [1].

Mme SMITH : Drôle de famille !

Mme MARTIN : J'aime mieux un oiseau dans un champ qu'une chaussette dans une brouette.

M. SMITH : Plutôt un filet dans un chalet, que du lait dans un palais [2].

M. MARTIN : La maison d'un Anglais est son vrai palais.

Mme SMITH : Je ne sais pas assez d'espagnol pour me faire comprendre.

Mme MARTIN : Je te donnerai les pantoufles de ma belle-mère si tu me donnes le cercueil de ton mari.

M. SMITH : Je cherche un prêtre monophysite[1] pour le marier avec notre bonne.

M. MARTIN : Le pain est un arbre tandis que le pain est aussi un arbre, et du chêne naît un chêne, tous les matins à l'aube.

Mᵐᵉ SMITH : Mon oncle vit à la campagne mais ça ne regarde pas la sage-femme.

M. MARTIN : Le papier c'est pour écrire, le chat c'est pour le rat. Le fromage c'est pour griffer[2].

Mᵐᵉ SMITH : L'automobile va très vite, mais la cuisinière prépare mieux les plats.

M. SMITH : Ne soyez pas dindons, embrassez plutôt le conspirateur.

M. MARTIN : *Charity begins at home*[3].

Mᵐᵉ SMITH : J'attends que l'aqueduc vienne me voir à mon moulin.

M. MARTIN : On peut prouver que le progrès social est bien meilleur avec du sucre.

M. SMITH : À bas le cirage !

> *À la suite de cette dernière réplique de M. Smith, les autres se taisent un instant, stupéfaits. On sent qu'il y a un certain énervement. Les coups que frappe la pendule sont plus nerveux aussi. Les répliques qui suivent doivent être dites, d'abord, sur un ton glacial, hostile. L'hostilité et l'énervement*

iront en grandissant. À la fin de cette scène,
les quatre personnages devront se trouver
debout, tout près les uns des autres, criant
leurs répliques, levant les poings, prêts à se
jeter les uns sur les autres.

M. MARTIN : On ne fait pas briller ses lunettes
avec du cirage noir.

Mᵐᵉ SMITH : Oui, mais avec l'argent on peut
acheter tout ce qu'on veut.

M. MARTIN : J'aime mieux tuer un lapin que de
chanter dans le jardin.

M. SMITH : Kakatoes, kakatoes, kakatoes, kaka-
toes, kakatoes, kakatoes, kakatoes, kakatoes,
kakatoes, kakatoes [1].

Mᵐᵉ SMITH : Quelle cacade [2], quelle cacade,
quelle cacade, quelle cacade, quelle cacade,
quelle cacade, quelle cacade, quelle cacade,
quelle cacade.

M. MARTIN : Quelle cascade de cacades, quelle
cascade de cacades, quelle cascade de cacades,
quelle cascade de cacades, quelle cascade de
cacades, quelle cascade de cacades, quelle cascade de cacades, quelle cascade de cacades.

M. SMITH : Les chiens ont des puces, les chiens
ont des puces.

Mᵐᵉ MARTIN : Cactus, coccyx ! cocus ! cocardard ! cochon !

Mme SMITH : Encaqueur [1], tu nous encaques.

M. MARTIN : J'aime mieux pondre un œuf que voler un bœuf.

Mme MARTIN, *ouvrant tout grand la bouche* : Ah ! oh ! ah ! oh ! laissez-moi grincer des dents.

M. SMITH : Caïman !

M. MARTIN : Allons gifler Ulysse.

M. SMITH : Je m'en vais habiter ma Cagna [2] dans mes cacaoyers.

Mme MARTIN : Les cacaoyers des cacaoyères donnent pas des cacahuètes, donnent du cacao ! Les cacaoyers des cacaoyères donnent pas des cacahuètes, donnent du cacao ! Les cacaoyers des cacaoyères donnent pas des cacahuètes, donnent du cacao.

Mme SMITH : Les souris ont des sourcils, les sourcils n'ont pas de souris.

Mme MARTIN : Touche pas ma babouche [1]

M. MARTIN : Bouge pas la babouche !

M. SMITH : Touche la mouche, mouche pas la touche.

Mme MARTIN : La mouche bouge [3].

Mme SMITH : Mouche ta bouche.

M. MARTIN : Mouche le chasse-mouche, mouche le chasse-mouche

M. SMITH : Escarmoucheur escarmouché !

Mme MARTIN : Scaramouche [1] !

Mme SMITH : Sainte-Nitouche !

M. MARTIN : T'en as une couche !

M. SMITH : Tu m'embouches.

Mme MARTIN : Sainte Nitouche touche ma cartouche.

Mme SMITH : N'y touchez pas, elle est brisée [2].

M. MARTIN : Sully !

M. SMITH : Prudhomme !

Mme MARTIN, M. SMITH : François.

Mme SMITH, M. MARTIN : Coppée.

Mme MARTIN, M. SMITH : Coppée Sully !

Mme SMITH, M. MARTIN : Prudhomme François.

Mme MARTIN : Espèces de glouglouteurs, espèces de glouglouteuses.

M. MARTIN : Mariette, cul de marmite !

Mme SMITH : Khrishnamourti, Khrishnamourti, Khrishnamourti [3] !

M. SMITH : Le pape dérape ! Le pape n'a pas de soupape. La soupape a un pape [4].

Mme MARTIN : Bazar, Balzac, Bazaine [5] !

M. MARTIN : Bizarre, beaux-arts, baisers !

M. SMITH : A, e, i, o, u, a, e, i, o, u, a, e, i, o, u, i !

Mme MARTIN : B, c, d, f, g, l, m, n, p, r, s, t, v, w, x, z !

M. MARTIN : De l'ail à l'eau, du lait à l'ail !

Mme SMITH, *imitant le train* : Teuff, teuff, teuff, teuff, teuff, teuff, teuff, teuff, teuff, teuff, teuff !

M. SMITH : C'est !

Mme MARTIN : Pas !

M. MARTIN : Par !

Mme SMITH : Là !

M. SMITH : C'est !

Mme MARTIN : Par !

M. MARTIN : I !

Mme SMITH : Ci !

> *Tous ensemble, au comble de la fureur, hurlent les uns aux oreilles des autres. La lumière s'est éteinte. Dans l'obscurité on entend sur un rythme de plus en plus rapide.*

TOUS ENSEMBLE : C'est pas par là, c'est par ici, c'est pas par là, c'est par ici, c'est pas par là, c'est par ici, c'est pas par là, c'est par ici, c'est pas par là, c'est par ici, c'est pas par là, c'est par ici * !

---

* À la représentation certaines des répliques de cette dernière scène ont été supprimées ou interchangées. D'autre part le recommencement final — peut-on dire — se faisait toujours avec les Smith, l'auteur n'ayant eu l'idée lumineuse de substituer les Martin aux Smith qu'après la centième représentation.

Les paroles cessent brusquement. De nouveau, lumière. M. et Mme Martin sont assis comme les Smith au début de la pièce. La pièce recommence avec les Martin, qui disent exactement les répliques des Smith dans la première scène, tandis que le rideau se ferme doucement.

RIDEAU

DOSSIER

CHRONOLOGIE

1909. Le 26 novembre, naissance d'Eugen Ionescu à Slatina, en Roumanie, d'un père roumain également nommé Eugen Ionescu et d'une mère d'origine française, Thérèse Ipcar.

1911. La famille s'installe à Paris où le père du futur dramaturge prépare son doctorat en droit.

1916. L'Allemagne déclare la guerre à la Roumanie. Eugen Ionescu retourne à Bucarest, laissant sa famille à Paris, et divorce sous le prétexte fallacieux que son épouse aurait abandonné le domicile conjugal. Eugène séjourne plusieurs mois dans un établissement pour enfants proche de Paris.

1917. Le père épouse Hélène Buruiana qui détestera les enfants de son mari. Le sentiment est réciproque.

1917 - 1919. Eugène et sa sœur Marilina séjournent chez des fermiers à La Chapelle-Anthenaise, en Mayenne. Ce séjour paisible et heureux marqua profondément le futur écrivain comme en témoignent ses déclarations et ses journaux intimes.

1920. Après avoir exercé les fonctions d'inspecteur de la Sûreté pendant la guerre, Eugen Ionescu est nommé avocat.

1922. Eugène et sa sœur doivent rejoindre Bucarest où ils apprennent le roumain qu'ils ignoraient jusque-là. Eugène fréquente le lycée orthodoxe Saint-Sava. Ultérieurement, sa mère viendra s'installer à Bucarest.

1926. Las des conflits qui l'opposent à un père irascible, versatile et indélicat, Eugène quitte le domicile paternel. Ces conflits trouveront un écho dans ses œuvres, notamment dans *Victimes du devoir* et *Voyages chez les morts*.

Découverte de la poésie du dadaïste Tristan Tzara et de surréalistes comme Breton, Soupault, Aragon et Crevel.

1928. Obtention du baccalauréat.

1929. Entrée à l'université de Bucarest où il prépare une licence de français. Joutes oratoires avec son professeur d'esthétique. Rencontre de Rodica Burileanu, étudiante en philosophie et en droit et fille du directeur d'un journal influent.

1930. Premiers articles littéraires dans diverses revues.

1931. Publication, en roumain, d'une plaquette de vers intitulée *Élégies pour êtres minuscules*.

1929 - 1935. Intense activité de critique dans diverses revues.

1934. Obtient la *Capacitate* en français, équivalent approximatif du C.A.P.E.S. actuel. Publication d'un ouvrage polémique et satirique intitulé *Nu* (c'est-à-dire *Non*) où il s'en prend à des écrivains et des critiques célèbres qu'il fréquente. Ce recueil d'essais qui fit scandale, mais pour lequel il se vit décerner le prix des Fondations royales, laisse pressentir l'auteur de *Notes et contre-notes* et de *La Cantatrice chauve*.

1936. Le 8 juillet, il épouse Rodica Burileanu. En octobre, décès de sa mère.

1936 - 1938. Il enseigne à Cernavoda, ville de garnison, et publie divers articles satiriques sur « La vie grotesque et tragique de Victor Hugo ».

En 1938, Ionesco quitte la Roumanie, agitée par des remous politiques, pour la France afin d'y préparer un doctorat sur « le péché et la mort dans la poésie française depuis Baudelaire ». Cette thèse ne sera jamais achevée.

1940. Mobilisé, Eugène rentre en août à Bucarest et enseigne au lycée Saint-Sava.

1942 ou 1943. Les Ionesco s'établissent à Marseille, en zone libre.

1944. Naissance de leur fille Marie-France.

1945. Retour à Paris.

1948 - 1955. Décès de son père. Après avoir été manutentionnaire, Eugène devient correcteur d'épreuves dans une maison d'éditions juridiques.

1950. Nicolas Bataille crée *La Cantatrice chauve* au théâtre des Noctambules. Ionesco se fait naturaliser français.

1951. Marcel Cuvelier crée *La Leçon* au théâtre de Poche.

1952. Sylvain Dhomme crée *Les Chaises* au théâtre Lancry. Reprise de *La Cantatrice chauve* et de *La Leçon* à la Huchette.

1953. Jacques Mauclair crée *Victimes du devoir* au théâtre du Quartier latin. *Sept Petits Sketches* mis en scène par Jacques Poliéri à la Huchette.

1954. Publication du *Théâtre I* chez Gallimard. Jean-Marie Serreau crée *Amédée ou Comment s'en débarrasser* au théâtre de Babylone.

1955. Robert Postec crée *Jacques ou la Soumission* et *Le Tableau* au théâtre de la Huchette. Création, en Finlande, du *Nouveau Locataire* par Vivica Bandler.

1956. Maurice Jacquemont crée *L'Impromptu de l'Alma* au Studio des Champs-Élysées, pièce satirique où Ionesco s'en prend à ses critiques — Roland Barthes, Bernard Dort et Jean-Jacques Gautier — habillés en docteurs doctrinaires.

1957. Reprise de *La Cantatrice chauve* et de *La Leçon* à la Huchette. Création, par Jean-Luc Magneron, de *L'avenir est dans les œufs* au théâtre de la Cité universitaire. Robert Postec crée *Le Nouveau Locataire* au théâtre d'Aujourd'hui (théâtre de l'Alliance française).

1959. José Quaglio crée *Tueur sans gages* au théâtre Récamier. Création de *Scène à quatre* au festival de Spolète. Création, en langue allemande, de *Rhinocéros* par Karl-Heinz Stroux à Düsseldorf.

1960. Jean-Louis Barrault crée *Rhinocéros* à l'Odéon-Théâtre de France.

1962. Création de *Délire à deux* au Studio des Champs-Élysées par Antoine Bourseiller. Publication de *La Photo du colonel*, recueil comprenant six récits. Jacques Mauclair crée *Le roi se meurt* au théâtre de l'Alliance française. Publication de *Notes et contre-notes*, recueil important d'articles, de conférences et de polémiques. Karl-Heinz Stroux crée, à Düsseldorf, *Le Piéton de l'air*.

1963. *Le Piéton de l'air* à l'Odéon, dans une mise en scène de Jean-Louis Barrault.

1964. Karl-Heinz Stroux crée *La Soif et la Faim* à Düsseldorf.

1966. Jean-Marie Serreau met en scène *La Soif et la Faim* à la Comédie-Française. Barrault reprend *La Lacune* à l'Odéon. Création de *Leçons de français pour Américain* au théâtre de

Poche par Antoine Bourseiller. Publication, par Claude Bonnefoy, de ses *Entretiens avec Eugène Ionesco* (Belfond).

1967. Publication du *Journal en miettes*.

1968. Publication de *Présent passé. Passé présent*.

1969. Publication de *Découvertes* chez Skira. Michel Benamou professeur aux États-Unis, publie *Mise en train*, manuel de français dont Ionesco a rédigé les dialogues.

1970. Élection à l'Académie française. Création de *Jeux de massacre* à Düsseldorf par Karl-Heinz Stroux. Représentation au théâtre Montparnasse par Jorge Lavelli.

1972. Jacques Mauclair crée *Macbett* au théâtre de la Rive-Gauche.

1973. Jacques Mauclair crée *Ce formidable bordel!* au théâtre Moderne. Publication d'un roman, *Le Solitaire*.

1975. Jacques Mauclair crée *L'Homme aux valises* au théâtre de l'Atelier.

1977. Publication d'*Antidotes*, recueil d'inédits et d'articles politiques, littéraires et culturels.

1979. Publication d'*Un homme en question*, recueil d'articles. Création de *Contes pour enfants* par Claude Confortès au théâtre Daniel Sorano.

1980. Création de *Voyages chez les morts* au Guggenheim Theater de New York dans la mise en scène de P. Berman. Jean-Jacques Dulon crée *Parlons français* au Lucernaire, spectacle élaboré à partir des *Exercices de conversation et de diction françaises pour étudiants américains*. Succès éclatant (1 000 représentations étalées sur plus de trois années).

1981. Publication d'un essai sur la peinture, *Le Blanc et le Noir*, illustré de quinze lithographies d'Ionesco.

1982. Publication d'un essai datant des années trente, traduit du roumain par Dragomir Costineanu, intitulé *Hugoliade*.

1983. *Spectacle Ionesco* mis en scène par Roger Planchon à partir de *L'Homme aux valises*, de *Voyages chez les morts* et d'éléments biographiques. Exposition de lithographies et de gouaches en Suisse et en Autriche. Création audiovisuelle de *Parlons français*, spectacle diffusé sur Antenne 2 le 2 janvier 1983, avec Claude Piéplu et la participation d'Eugène Ionesco.

1985. *Le roi se meurt* joué en opéra à Munich sur une musique de Suter Meister. Expositions à Klagenfurt, Innsbruck, Salzbourg, Munich, Glarus, Bielefeld et Cologne. Ionesco reçoit le prix T.S. Eliot-Ingersoll à Chicago en présence de Saul Bellows et de Mircea Eliade. La revue allemande *Signatur* publie une plaquette intitulée *Souvenirs et dernières rencontres* (textes et gouaches de l'auteur).

1986. Publication de *Non*, traduit du roumain par Marie-France Ionesco, avec une préface d'Eugen Simion et une postface d'Ileana Gregori.

1987. Le 23 février, célébration, à la Huchette, du trentième anniversaire du *Spectacle Ionesco*, en présence du dramaturge, de son épouse et des comédiens qui, au fil des ans, se sont relayés pour jouer *La Cantatrice chauve* et *La Leçon*.

1988. Publication d'un journal, *La Quête intermittente*. Représentation, à Rimini, de *Maximilien Kolbe,* opéra dont le livret est d'Ionesco et la musique de Dominique Probst.

1989. En février, le jury du Pen Club présidé par Ionesco décerne le prix de la Liberté à Vaclav Havel, écrivain dissident qui, en décembre de la même année, deviendra président de la République de Tchécoslovaquie.

Le 7 mai, au cours de la Troisième Nuit des Molières organisée au Châtelet par Antenne 2 et l'Association professionnelle et artistique du théâtre, Jacques Mauclair prononce un discours de circonstance à l'issue duquel la comédienne Denise Gence (qui avait interprété *Les Chaises* avec Pierre Dux) remit un Molière à Ionesco que le public ovationna.

1990. Le 4 janvier, à l'occasion du décès récent de Samuel Beckett, *Le Nouvel Observateur* publie les réactions d'Ionesco dont voici un bref extrait : « Quand je pense à lui, il me revient en mémoire ce vers d'Alfred de Vigny : " Seul le silence est grand, tout le reste est faiblesse. " Pour Beckett, la parole n'était que du bla-bla. Elle était inutile. »

1994. Ionesco meurt à Paris le 28 mars.

NOTICE

Le texte de cette édition, d'abord édité dans le *Théâtre I* représente à quelques détails près celui mis en scène par Nicolas Bataille. La genèse de la pièce nous est partiellement connue grâce à quatre documents :

1. Nous disposons d'un dactylogramme *(dactyl. 1)* de quarante-neuf pages qui, hormis quelques corrections et ajouts, correspond au texte publié. Les pages 44 à 48 constituent un prolongement du dénouement que nous connaissons. Deux pages manuscrites, 37 bis et 37 ter, s'insèrent dans le *dactyl. 1* et constituent les scènes IX et X actuelles.

2. Nous avons aussi consulté cinq feuillets dactylographiés, intitulés *La Cantatrice chauve. Plusieurs autres fins possibles (dactyl. 2)*. Ionesco propose en effet deux dénouements, l'un de trois pages et demie, l'autre d'une page et demie, qui furent publiés dans l'édition de *La Cantatrice chauve* illustrée par Massin.

3. Un troisième dactylogramme *(dactyl. 3)* paginé de 26 à 49 est consacré aux scènes VIII à XI. La première page porte quelques indications destinées au typographe la dernière porte la signature de l'auteur. Il s'agit donc d'un fragment du texte remis à l'éditeur

4. Reste un manuscrit incomplet composé de vingt feuillets. Les deux premiers portent la numérotation 37 bis et 37 ter, mentionnée ci-dessus. Les autres feuillets ne sont pas numérotés mais, pour faciliter notre tâche, nous les paginerons pages [38 à 55].

Le manuscrit diffère de la version finale qui, sur le plan dramatique, est aussi plus aboutie. Le plan de la pièce se distingue de celle que nous connaissons. Ainsi, l'arrivée du Capitaine des pompiers précède celle des Martin. L'intrigue se déroule de la façon suivante : alors que Mme Smith « coud ses chaussettes » et M. Smith lit son journal, on frappe à la porte. Y a-t-il quelqu'un ou n'y a-t-il personne ? Les époux ratiocinent, voire se querellent sur ce point que nous connaissons par le texte publié. Finalement, son épouse ayant refusé d'ouvrir la porte, M. Smith s'acquitte de cette tâche. Entre alors le Capitaine des pompiers.

La scène suivante, intitulée scène II, correspond à la scène VII que nous connaissons. Elle montre les Smith prenant leur hôte à témoin au cours de leurs « conflits intimes [1] » sous-tendus par une argumentation pseudo-logique.

Une fois le débat achevé, le pompier interroge ses hôtes : les Smith n'auraient-ils pas le feu chez eux ? Hélas, non ! De fil en aiguille, par le jeu des souvenirs, on aborde le cas de M. Bok, marchand d'allumettes, et celui de M. Cook. Ce dernier n'a malheureusement pas droit aux services de la ville « car sa mère est d'origine juive... il est défendu d'éteindre le feu chez les juifs [2] ». Cette remarque et celles qui suivent, font allusion à la situation des israélites en Roumanie pendant la Seconde Guerre mondiale, et plus particulièrement à un cas d'espèce connu d'Ionesco [3]. Le dramaturge ne focalise pas son attention sur l'iniquité d'un tel diktat. Face à l'irrationnel, il est fasciné par la dialectique du non-sens qui permet de circonvenir l'ineptie de la loi.

Scène III : le pompier a pris congé de ses hôtes. La conversation loufoque des Smith s'éternise sur la mort de Bobby Watson et sur les rapprochements saugrenus que nous connaissons grâce au texte

---

1. P. 40 du manuscrit.
2. P. 45 du manuscrit.
3. Entretien avec l'auteur, le 27 octobre 1987. Il s'agissait d'un professeur d'ascendance juive. Un de ses anciens étudiants, ayant une fonction officielle au gouvernement, fit amender le règlement pour le tirer d'affaire. Il en résulta que tout individu considéré comme juif mais dont le grand-père avait été colonel ou médecin officier pendant la guerre de 1870 serait, aux yeux de la loi, roumain à part entière.
L'auteur précise aussi que le passage en question et la querelle byzantine des Smith sur un point de logique furent rédigés pendant la guerre. *La Quête intermittente* confirme ce point et précise même la date : 1943 (Gallimard, 1988, p. 46).

publié. La pendule, moins fantasque qu'elle ne le deviendra dans la version finale, rythme déjà leur entretien. Soudain, on frappe de nouveau à la porte. Cette fois, aucun des deux époux ne veut ouvrir. Alors, « la porte s'ouvre seule. Entrent Mme et M. Martin [...] il a très chaud ; il s'essuie la figure avec un mouchoir ; elle a très froid ; elle est vêtue de fourrures ; elle tient ses mains dans un manchon[1] ». Les époux Smith quittent leurs hôtes pour se vêtir convenablement. Suit alors la truculente scène de reconnaissance que jouent les Martin. Elle se trouve toutefois écourtée, le fragment s'interrompant au moment où les interlocuteurs découvrent qu'ils habitent tous deux le même appartement, 19, rue Bromfield, au 5e étage.

Tel quel, le manuscrit ne contient ni les indications scéniques qui précisent le cadre, ni la scène d'introduction au cours de laquelle les Smith animent un dialogue fait de clichés. Quatre scènes font défaut. Il s'agit de la seconde dans laquelle Mary se présente et annonce les Martin, de la troisième, minuscule, composée de deux lignes et demie, de la cinquième dans laquelle Mary joue à Sherlock Holmes, et de la septième. Comment Ionesco a-t-il remanié le manuscrit pour aboutir au dactylogramme ? Les renseignements manquent sur ce point.

VERSION PRIMITIVE

SCÈNE I

M. SMITH : Il y a quelqu'un ? Qui est-ce ?

Mme SMITH : Il n'y a personne.

> *Elle s'assoit. Elle coud ses chaussettes. Un silence. On frappe de nouveau.*

M. SMITH, *tout en lisant son journal* : On frappe. Ça doit être quelqu'un.

---

1. P. 53 du manuscrit.

Mᵐᵉ SMITH : Je vais ouvrir. *Elle va à la porte, l'ouvre, la referme. Toujours personne. Elle se rassoit. Elle coud. Pause. On entend frapper*

M. SMITH : On a encore frappé.

Mᵐᵉ SMITH : Je ne vais plus ouvrir. Sans doute qu'il n'y a toujours personne. Je ne veux plus me déranger pour rien.

M. SMITH : Mais s'il y avait quelqu'un, cette fois-ci ? Va voir, il y a peut-être quelqu'un !

Mᵐᵉ SMITH : Bon, j'y vais. *Elle y va. Il n'y a personne.*

M. SMITH : Il y a quelqu'un. Qui est-ce ?

Mᵐᵉ SMITH : Personne, toujours personne !

M. SMITH : Toujours personne. Je trouve que ça peut paraître assez surprenant. *Madame Smith se rassied, recoud.*

Mᵐᵉ SMITH : Tu m'as dérangée pour rien.

M. SMITH : Oui, mais il pouvait y avoir quelqu'un puisqu'on a frappé à la porte !

Mᵐᵉ SMITH : Il n'y a personne.

M. SMITH : Mais comprends qu'il aurait pu y avoir quelqu'un.

Mᵐᵉ SMITH, *agacée* : Il n'y a personne. Je me suis dérangée i-nu-ti-le-ment.

M. SMITH : Je te dis et je te répète qu'il pouvait y avoir quelqu'un puisqu'on avait frappé à la porte, et lorsqu'on entend frapper à la porte, normalement...

Mᵐᵉ SMITH, *de plus en plus agacée* : Il était logique de penser qu'il n'y avait personne puisqu'il n'y avait eu personne non plus les deux premières fois qu'on avait frappé ! Je me suis dérangée pour rien. C'était pas la peine de me faire lever pour aller ouvrir la porte une troisième fois !

M. SMITH : On était moralement obligé d'en avoir le cœur net. Il faut toujours ouvrir quand on entend frapper à la porte ! Moi-même je le fais : j'ouvre quand on frappe et, d'après ma propre expérience, je puis te dire à quoi il faut s'en tenir sur les frappements à la porte : il arrive souvent que lorsqu'on frappe, il n'y ait d'abord personne et, après, quand on frappe encore, il y a souvent quelqu'un.

On entend frapper.

M. SMITH : On frappe encore. Il y a peut-être quelqu'un. Va voir, chérie.

Mme SMITH, *furieuse* : Ah, non, alors! *Elle crie, tape du pied, montre les poings.* Fiche-moi la paix, fiche-moi la paix, fiche-moi la paix! *elle se laisse choir dans son fauteuil.* Va ouvrir si tu veux! Moi je n'y vais plus! Vas-y! Il n'y aura personne!

M. SMITH, *imperturbable; ironique; l'air légèrement méprisant; sans répondre, il va vers la porte et l'ouvre. Sur le seuil, le Capitaine des pompiers de la ville.*

SCÈNE II [Début]

Les mêmes; le Capitaine des pompiers; celui-ci, âgé de 40 à 50 ans, coiffé d'un casque éblouissant, en uniforme.

M. SMITH : Bonjour, monsieur le pompier! *À Mme Smith, victorieusement* : Tu vois qu'il y avait quelqu'un! *Mme Smith ne répond pas; elle* : J'avais raison!

LE CAPITAINE DES POMPIERS : Vous dites, monsieur Smith?

M. SMITH : Ce n'est pas à vous que je m'adressais. Je parlais à ma femme. Elle me disait de ne pas ouvrir la porte car elle prétendait qu'il n'y avait personne.

LE CAPITAINE DES POMPIERS : Ah! Ah! Ah! Ah! Elle est bien bonne, celle-là!

Mme SMITH, *vexée, se lève, s'approche des deux autres, à son mari* : Je t'en [sic] prie de ne pas mêler les étrangers à nos conflits intimes!

LE CAPITAINE DES POMPIERS, *confus* : Excusez-moi!...

On comparera la scène I primitive à son équivalent dans la version définitive, à savoir la seconde partie de la scène VII (et le tout début de la scène VIII) depuis : « *On entend sonner à la porte d'entrée.* M. SMITH : Tiens on sonne[1] », jusqu'à : Mme SMITH, *À M. Smith* : Je te prie de ne pas mêler les étrangers à nos querelles familiales[2]. »

1. P. 67.
2. *Ibid.*, p. 71.

La version définitive est sans aucun doute meilleure, plus nette. Délesté des maladresses de style qui entachaient la version antérieure, le dialogue, désormais réparti entre quatre personnages au lieu de deux, est plus incisif et plus varié. Mine de rien, avec le sourire, Ionesco souligne la guerre des sexes par des clichés que la vie quotidienne et les pièces de boulevard connaissent bien : « Oh ! vous les femmes, vous vous défendez toujours l'une l'autre. » À quoi Mme Smith répond : « Ah ! ces hommes qui veulent toujours avoir raison et qui ont toujours tort [1] ! » En outre, la scène s'achève de façon plus dramatique et la dialectique oppositive, si décisive au théâtre, se prolonge de façon cocasse. Préfigurant une formule qui deviendra récurrente dans les sketches burlesques d'Ionesco, l'opposition se condense dans les exclamations *Si !* et *Non* [2] *!* qui résument avec vigueur l'affrontement des antagonistes. Enfin, l'entrée du pompier paraît théâtralement meilleure. En effet, l'incongruité du passage à l'anglais, équivalent du coq-à-l'âne, susciter le rire [3].

Pour les points de détail on comparera les différences suivantes groupées sous forme de tableau :

version primitive	*version finale*
M. SMITH : On frappe.	Tiens, on sonne.
Mme SMITH : Je vais ouvrir.	Il doit y avoir quelqu'un. Je vais voir.
M. SMITH réagit au refus de son épouse en prenant un air ironique et méprisant.	Il se borne à hausser les épaules.
Les didascalies caractérisent avec précision les gestes de colère de Mme Smith.	L'auteur, plus vague, indique : une crise de colère.

1. *Ibid.*, p. 69.
2. La guignolade intitulée *Scène à quatre* s'ouvre sur ce dialogue :
« DUPONT : ... Non...
DURAND : Si...
DUPONT : Non...
DURAND : Si...
DUPONT : Non...
DURAND : Si... » *Théâtre III*, p. 280.
3. « M. SMITH : *Ah ! how do you do !* », p. 70.

FIN DE LA SCÈNE II

LE CAPITAINE DES POMPIERS : [...] S'il y a le feu chez vous, ne me le cachez pas, vous me rendrez service.

Mᵐᵉ SMITH : C'est promis... On va voir. S'il y a le feu, on vous le dira, ne craignez rien. Mais vous pourriez demander aux voisins. . Allez voir, si vous voulez, chez M. Bok, le marchand d'allumettes. . Vous aurez plus de chance...

M. SMITH : Il est très aimable... Dites-lui que vous venez de notre part.

LE CAPITAINE DES POMPIERS : C'est vrai... Mais voyez-vous.. M. Bok est mon beau-frère...

M. SMITH : Et alors...

LE CAPITAINE DES POMPIERS : Vous ne savez donc pas que d'après la loi il m'est défendu d'éteindre les incendies de la famille ?

M. SMITH : C'est juste... Je n'y avais pas pensé...

Mᵐᵉ SMITH : Allez voir s'il y a le feu chez M. Cook...

LE CAPITAINE DES POMPIERS : Je ne peux y aller non plus car sa mère est d'origine juive... il est défendu d'éteindre le feu chez les juifs, sauf entre le premier et le trois juin de l'année prochaine...

M. SMITH : C'est juste !

LE CAPITAINE DES POMPIERS : Sa maison a d'ailleurs pris feu, il y a six ans...

Mᵐᵉ SMITH, *regardant par la fenêtre* : Je vois cependant que sa maison est intacte !

LE CAPITAINE DES POMPIERS : C'est parce qu'il l'a éteinte tout seul, pour se venger.

M. SMITH . Ce n'est pas permis.

LE CAPITAINE DES POMPIERS : Bien sûr... On lui a fait un procès... qui dure toujours.

Mme SMITH : Et s'il le perd ?

LE CAPITAINE DES POMPIERS : On lui mettra le feu à la maison, officiellement et on lui défendra de s'interposer... Mais on l'annoncera à temps. Il aura le droit d'enlever ses meubles...

M. SMITH : La loi n'est pas trop sévère...

LE CAPITAINE DES POMPIERS : Oh, non... D'ailleurs Cook a droit à cette faveur, car son arrière-grand-père maternel a été décoré à la suite d'un pari qu'il a gagné... et alors ses descendants bénéficient d'un régime spécial...

Mme SMITH : Ça ne m'étonne pas !

M. SMITH : Allez voir chez le vicaire...

LE CAPITAINE DES POMPIERS : Je ne peux pas non plus. C'est le feu sacré. Allons, assez bavardé... je vais continuer ma tournée... *il regarde sa montre*. Il est tard, j'ai un feu à quatorze heures quatorze... il faut encore que j'aie le temps d'aller chercher ma pompe. Au revoir, et s'il y a un incendie chez vous n'oubliez pas de me le déclarer...

Mme SMITH : On n'y manquera pas. C'est promis ? Au revoir...

Le Capitaine des pompiers s'en va. Mme et M. Smith se rassoient dans leurs fauteuils. La pendule sonne quatre fois.

On comparera ce dernier extrait à la version condensée et elliptique du texte publié, qui s'ouvre sur ces lignes :

M. MARTIN : Allez donc voir, de ma part, le vicaire de Wakefield !

LE POMPIER : Je n'ai pas le droit d'éteindre le feu chez les prêtres. L'Évêque se fâcherait. Ils éteignent leurs feux tout seuls ou bien ils le font éteindre par des vestales.

M. SMITH : Essayez voir chez Durand.

LE POMPIER : Je ne peux pas non plus. Il n'est pas anglais. Il est naturalisé seulement. Les naturalisés ont le droit d'avoir des maisons mais pas celui de les faire éteindre si elles brûlent.

M. SMITH : Pourtant, quand le feu s'y est mis l'année dernière, on l'a bien éteint quand même !

LE POMPIER : Il a fait ça tout seul. Clandestinement. Oh, c'est pas moi qui irais le dénoncer.

M. SMITH : Moi non plus [1]. »

« LA CANTATRICE CHAUVE »
PLUSIEURS AUTRES FINS POSSIBLES [1]

Comme le signale Ionesco, le premier finale envisagé nécessitait trop de figurants, donc un budget auquel la troupe ne pouvait prétendre. En outre, certaines répliques qui exploitent la loufoquerie eussent semblé puériles, de mauvais goût, inspirées par un esprit scatologique. À preuve :

M. MARTIN, *à Mᵐᵉ Smith* : Puis-je savoir quel est ce plat, chère amie ?

Mᵐᵉ SMITH : De la purée d'excréments de volaille au jus de citron.

Plus loin, M. Smith parle de « pipi de jument alcoolisé ».

Enfin, l'impossibilité de prévoir les réactions du public, d'autant que, visiblement, on tenait à le malmener, verbalement et physiquement, eût fait peser sur l'avenir du spectacle une lourde menace.

*Quant au second finale, plus bref que le précédent, il met le dramaturge en vedette, flatte son narcissisme et souligne sa démarche agressive et contestataire. Se souvenant sans doute de l'exemple des dadaïstes et des surréalistes, l'auteur d'*avant-garde, *se devait, semble-t-il, d'insulter son public !*

En voici une, difficilement jouable, car elle nécessiterait une trop nombreuse figuration :

Dans la dernière scène, après le départ du pompier, les personnages se jettent à la figure des phrases désarticulées, puis des mots,

---

1. Ces fins ont été publiées dans *La Cantatrice chauve*, interprétations typographique de Massin et photographique d'Henry Cohen, d'après la mise en scène de Nicolas Bataille au théâtre de la Huchette, Gallimard, 1964.

des syllabes, des voyelles, des consonnes. Cette scène aurait pu être plus violente, les personnages auraient pu arriver à être au comble de la fureur si une mise en scène très dynamique, ayant cette fin en vue, avait permis un crescendo, et préparé un déchaînement paroxystique désarticulant les personnages eux-mêmes. Je dois dire que le jeu de Nicolas Bataille et de ses comédiens est excellent ; leur interprétation donne bien l'expression de la querelle, de la colère — qui aurait pu, toutefois, pourquoi pas, gagner encore en véhémence. Ainsi, les personnages auraient pu se crier les répliques susdites, ou les fausses répliques, dans les oreilles les uns des autres ; ils auraient pu se mettre le poing sous le nez ; se cracher au visage ; arracher les chapeaux, cravates, etc., jusqu'à « c'est pas par là, c'est par ici », pendant que la pendule aurait pu s'écrouler avec fracas et qu'on aurait pu entendre le tonnerre, apercevoir des éclairs.

Puis, soudainement, apparition de Mary, la bonne.

MARY, *entrant* : Madame est servie !

(Brusque arrêt du mouvement. Pause. Court silence. Comme si rien ne s'était passé, les Smith, reconstitués, sourient aux Martin, M. Martin sourit à Mme Martin, Mme Smith à M. Martin, etc. ; inclinaisons, révérences excessivement polies.) Mme Smith offre son bras à M. Martin ; ceux-ci sont suivis par M. Smith qui a offert son bras à Mme Martin. Orchestre en sourdine [1].)

Mme SMITH, *à M. Martin* : Mary a préparé un plat excellent. Une spécialité de sa province.

M. MARTIN, *à Mme Smith* : Puis-je savoir quel est ce plat, chère amie ?

Mme SMITH : De la purée d'excréments de volaille au jus de citron.

M. MARTIN : C'est bon aussi à la citrouille.

Mme SMITH : Vous connaissiez ? *Ils sortent.*

Mme SMITH, *à Mme Martin* : Nous aurons une boisson excellente, ma chère amie, à ce dîner.

Mme MARTIN : Puis-je savoir, cher ami, si je ne suis indiscrète ?

M. SMITH : Du pipi de jument alcoolisé.

---

1. Il s'agit de « Oh ! Tannenbaum » (« Mon beau sapin »).

Mme MARTIN : Oh ! Délicieux ! Je n'ose croire... En bouteille, n'est-ce pas ?

Ils sortent. Mary sort aussi.

La scène reste vide. L'orchestre cesse de jouer progressivement. La scène reste vide longtemps encore. Des minutes s'écoulent. Le public peut, à un certain moment, soit quitter la salle et l'on fermerait les portes, soit exprimer son mécontentement, encouragé par des compères mêlés au public. Il y aurait, dans ce cas, des sifflements, huées, protestations, injures, carottes jetées sur le plateau, œufs pourris, etc. Une dizaine ou davantage de figurants montent à l'assaut de la scène, hurlant, armés de massues (des figurants, hélas, car il n'est guère possible d'espérer que d'authentiques spectateurs viennent se jeter sur le plateau et les décors !). Au moment où les furieux ont pris pied et se dirigent vers le fond des décors, des mitrailleuses crépitent aux quatre coins du plateau (de fausses mitrailleuses, de fausses balles, car, vraiment, on ne peut, une fois encore, en espérer de véritables). Les assaillants tombent morts. Le directeur du théâtre, l'auteur, un commissaire de police, plusieurs gendarmes venant des coulisses font leur apparition, calmement, sur le plateau. Le directeur du théâtre compte les cadavres allongés. Il regarde ses partenaires d'un air satisfait.

LE DIRECTEUR DU THÉÂTRE, *après avoir compté les morts* : Ce n'est pas mal... Espérons qu'ils seront plus nombreux demain. Toutes mes félicitations, monsieur le commissaire.

L'AUTEUR, *au directeur du théâtre* : Merci de m'avoir défendu. *Il montre la salle ; puis, face au public* : Je suis un auteur d'État !

LE DIRECTEUR DU THÉÂTRE, *aux spectateurs effrayés* : Canailles ! Ce n'est pas votre place ! Qu'est-ce qu'il vous prend de venir vous mêler de ce qui ne vous regarde pas ? Que cela vous entre dans la tête ! *Il montre les cadavres sur la scène.* Que cela vous serve de leçon. Voilà ce qui vous attend ! Nous défendrons, contre le public en l'empêchant de venir, la plus noble institution de notre patrimoine culturel : le théâtre, temple sublime des actrices ! *Aux gendarmes.* Chassez-les. *Au public.* Que je ne vous y prenne plus. Ne remettez plus les pieds ici.

(L'auteur, le directeur du théâtre, le commissaire de police se congratulent réciproquement, ainsi que les acteurs qui viennent des coulisses ; ils s'embrassent, parlent gaiement, tandis que les gendarmes, mitrailleuses en main, évacuent brutalement la salle.)

Voici un autre finale, réalisable, prévu pour des spectateurs plus sensibles :

Mary entre, à la fin de la dernière réplique de la dernière scène : « C'est pas par là, c'est par ici... », etc.

MARY, *annonçant* : Mesdames et Messieurs, voici l'auteur !

DES COMPÈRES, *dans la salle* : L'auteur, l'auteur ! Vive l'auteur !

(L'auteur entre par le fond du plateau ; les comédiens, en rang, de chaque côté de la scène, font la haie, laissent passer l'auteur, s'inclinent à son passage.)

L'AUTEUR, *souriant d'abord, puis furieux, face au public, montrant le poing* : Tas de coquins *, j'aurai vos peaux !

Le rideau tombe vite.

En dehors de la fin avec le recommencement (celle que l'on joue habituellement), et les deux scènes finales que je viens de vous présenter, trente-six autres fins sont possibles et... pensées.

En réalité, les personnages devraient littéralement exploser ou fondre comme leur langage ; on devrait voir leurs têtes se détacher des corps, les bras et jambes voler en éclats, etc.

Cela n'est possible qu'au cinéma. (Et encore ! Ce ne serait que du truquage.) Je me propose, toutefois, d'en faire un film explosif.

---

* Ou coquins, ou bandits, ou cons, salauds, etc., selon les têtes des spectateurs.

LA MISE EN SCÈNE

1. IONESCO : « CONTRE LES METTEURS EN SCÈNE CENSEURS ».

« Le metteur en scène à la mode ne connaît plus que ses caprices. Ou son idéologie. Que devient l'auteur ? Et le public ? Où va, d'ailleurs, le théâtre en pleine crise ? [...]

Ce qui doit caractériser le metteur en scène, c'est la fidélité, l'objectivité. Bien entendu, tout est subjectif. Mais il s'agit d'être objectif dans la subjectivité. Et quand je dis " fidélité ", je conçois que toute fidélité est imprégnée de la personnalité du metteur en scène, si bien qu'il s'agit d'une fidélité toute subjective. La chose n'est grave que lorsque le metteur en scène fait *profession* d'infidélité. Le metteur en scène doit révéler, déceler ce qu'il y a ou ce qu'il trouve de plus vrai ou de plus profond dans l'œuvre qu'il choisit.

Je n'ai eu affaire qu'une seule fois et tout dernièrement à un metteur en scène consciemment et délibérément infidèle. Pour lui, entre l'auteur et le metteur en scène, il y avait compétition. En réalité, il doit y avoir collaboration, chacun étant le complice de l'autre.

Mes premières pièces s'appelaient, je les appelais des " anti-pièces ", des " farces tragiques ", des " drames comiques ", etc. Un des défauts de la mise en scène, et le principal, est d'être théâtrale comme on dit d'un livre qu'il est livresque. Le plus grand défaut de la littérature est d'être " littéraire ".

Je voulais tordre le cou à la théâtralité, comme Verlaine voulait tordre le cou à l'éloquence.

Mais *La Cantatrice chauve*, ma première pièce, qui voulait faire éclater la théâtralité, s'y est finalement intégrée.

Mieux qu'une collaboration entre l'auteur et le metteur en scène il doit y avoir une cohabitation, me dit Simone Benmussa. » (*Le Figaro*, 10 février 1979. Reproduit dans *Un homme en question*, Gallimara, 1979, p. 168-171).

2. RÉACTION « A CHAUD » : RENÉE SAUREL, « AU THÉÂTRE DES NOCTAMBULES, *LA CANTATRICE CHAUVE* DE E. IONESCO ».

« Quoi de plus rassurant que cette " anti-pièce " de M. E. Ionesco qui s'intitule, sans raison, *La Cantatrice chauve* et que le théâtre des Noctambules présente chaque jour à dix-huit heures trente, dans une intelligente mise en scène de Nicolas Bataille ? Le rideau se lève sur un couple usé jusqu'à la trame, un couple comme nous en voyons tous les jours dans la rue, dans le métro, où chacun est devenu, pour l'autre, aveugle et sourd, et que le silence pourrait sauver de la dégradation et de l'ennui. M. Smith lit le *Financial Times* ; sa femme, en brodant, parle du repas que l'on vient de faire, de celui que l'on va faire. Quand elle questionne, le mari répond par un claquement de la langue contre le palais, et la femme s'énerve, s'agite, se lève, cherche le drame. Ce pourrait être le prélude à quelque *Danse de mort*. Mais l'auteur a choisi le burlesque : il ne se passera rien. Un couple arrive, de qui les Smith espèrent un salut passager. Hélas ! le couple Martin est encore plus avancé dans la calcification que le couple Smith : le mari ne reconnaît même plus sa femme, ni la femme son mari. La conversation à quatre est aussi morne qu'à deux. On accueille avec gratitude un pompier qui passait, à tout hasard, cherchant un feu à éteindre, et qui n'a rien trouvé. Rien n'arrive, personne n'a rien à dire, c'est tout à fait comme dans la vie. Cette " anti-pièce " de M. E. Ionesco serait en somme entachée du plus vilain naturalisme si le dialogue n'avait une fantaisie parfaitement bouffonne. Il n'y a pas d'action, les entrées et les sorties ne sont nullement motivées, chacun parle sans espoir d'être écouté, ni compris, chaque personnage vit à peine, dans une sorte de cercueil vertical et transparent, et cela donne, finalement, une pièce intelligente et drôle, fort bien jouée, et que je vous conseille d'aller voir, entre deux averses » (*Combat*, 25 mai 1950).

3. CRÉATION DE LA PIÈCE.

Celle-ci eut lieu au théâtre des Noctambules dans la mise en scène de Nicolas Bataille le 11 mai 1950 (voir, dans la préface, notre rubrique, « De la mise en scène au texte », p. 20. La première reprise eut lieu d'octobre 1952 à avril 1953. La seconde, en février 1957, réunissait *La Cantatrice chauve* et *La Leçon* au théâtre de la Huchette. Ce spectacle connut un succès éclatant qui ne s'est point démenti à ce jour. Devenues des classiques, les deux premières pièces d'Ionesco sont encore représentées à la Huchette, théâtre minuscule (86 places) que professeurs, étudiants et touristes venus du monde entier connaissent aujourd'hui. Un système de roulement fut institué ; c'est ainsi que Nicolas Bataille, créateur du rôle de M. Martin, fut relayé par Paul Vervisch, Jacques Nolot, Guy Jacquet et Gilbert Beugnot.

4. *LA CANTATRICE CHAUVE* À L'A.R.T.U.S. (ASSOCIATION DE RÉALISATION THÉÂTRALE DES UNIVERSITÉS DE STRASBOURG, CRÉÉE EN 1977).

Nous évoquerons ici une mise en scène différente de celle qu'on voit tous les soirs à la Huchette depuis 1957. Voici d'abord la présentation qu'en fait Colette Weil : « Au départ, les réticences étaient énormes aussi vis-à-vis de la pièce que le metteur en scène voulait monter comme une " tragédie du langage " et que les acteurs trouvaient ennuyeuse. Mais, curieusement, ce qui au départ devait illustrer la dégradation à la fois tragique et comique, — ou mieux, dérisoirement tragique — des rapports humains, s'était transformé, grâce aux costumes, aux accessoires, aux trouvailles successives et aux gags des acteurs, en une " hénaurme farce " qui s'avéra être le plus gros succès de l'ARTUS » (« Mettre en scène Ionesco... », *Études dramaturgiques,* éd. Emmanuel Jacquart, Klincksieck, 1987, p. 243).

Mise en scène : Colette Weil, Strasbourg, 25-27 octobre 1984, avec la distribution suivante : M. Smith : François Wittersheim, Mme Smith : Florence Mansuy, M. Martin : Erik de Mautort, Mme Martin : Chantal Raulff, Mary, la bonne : Jamila Fchouch en alternance avec Tamara Tichkowsky ; le Capitaine des pompiers : Thierry Haag.

Diverses reprises eurent lieu. À Strasbourg : en 1984, 1986, 1987 (avec Christine Disdier dans le rôle de la bonne), 1988, 1989, 1990. À Nancy : en 1986, et à Moscou en 1992 au Second Festival International du Théâtre.

Lors des répétitions initiales, deux objectifs guident le metteur en scène : rendre sensible *la désarticulation du langage* exigée par un auteur qui se souvient fort à propos des leçons du dadaïsme et du surréalisme et, d'autre part, le caractère mécanique des personnages. On promet donc fidélité au texte et aux commentaires d'Ionesco. Évidemment, au cours des répétitions les choses prennent corps et une évolution se dessine, d'autant que le comédien qui incarne M. Martin tient à souligner le comique à la fois dans le jeu et dans les costumes. Il décide de revêtir l'uniforme folklorique de l'Écossais (kilt en tartan, *sporran*, chaussettes — rouges ! — laissant apercevoir les genoux, bonnet à pompon), à quoi il ajoute un nœud papillon qui apporte une touche de fantaisie. Ainsi, tout naturellement, le jeu évolue vers la *parodie*. On met alors résolument l'accent sur l'intention que recèle le sous-titre — « anti-pièce » —, sous-titre interprété littéralement et libéralement. On en vient, lorsque cela est possible, à *jouer contre le texte,* à le prendre à rebours. Un exemple : à l'arrivée des Martin, Mme Smith affirme « nous nous sommes dépêchés d'aller revêtir nos habits de gala » (p. 63) alors qu'en fait, elle et son époux, ont échangé la tenue qu'ils portaient (scènes I et II) pour des vêtements de nuit : robe de chambre à franfreluches, bonnet suranné et chaussons pour l'un, caleçons longs, chemise de nuit, socquettes rouges et pantoufles pour l'autre ! La recherche évidente de la *contradiction* trouve sa justification ailleurs, dans un jeu de scène du même type précisé par une didascalie : « Le Pompier : Excusez-moi, mais je ne peux pas rester longtemps. Je veux bien enlever mon casque, mais je n'ai pas le temps de m'asseoir. *(Il s'assoit, sans enlever son casque.)* » (Scène VIII, p. 75.) On pourrait trouver une justification supplémentaire dans une déclaration d'Ionesco, datant de 1959, reproduite dans *Notes et contre-notes :* La Cantatrice chauve « n'était qu'une parodie de pièce, une comédie de la comédie [...]

Une parodie du théâtre est encore plus théâtre que du théâtre direct, puisqu'elle ne fait que grossir et ressortir caricaturalement ses lignes caractéristiques [...]

Au départ, je voyais, pour *La Cantatrice chauve* une mise en scène plus burlesque, plus violente ; un peu dans le style des frères Marx, ce qui aurait permis une sorte d'éclatement » (Folio essais, p. 252-254)

Ajouts.

Quelques ajouts viennent, au fil des répétitions, faciliter la tâche des comédiens sans altérer le sens et la portée fondamentale de la pièce. Ainsi au terme de la scène II, alors que les Smith sortent et que les Martin ne sont pas encore entrés, Mary passe l'aspirateur afin que la comédienne qui incarne Mme Martin ait le temps d'enfiler la robe que portait Mme Smith [1]. Plus loin (scène V), à la fin de son monologue, Mary confie au public sur le ton de la confidence : « Mon vrai nom est James Bond » (p. 61), substituant ainsi au héros de Conan Doyle (Sherlock Holmes) un personnage que le cinéma a rendu populaire. Plus loin encore, à la scène VII, lorsque les deux couples réunis ponctuent péniblement de « hm » gênés un silence pesant (p. 63), Mme Martin achève sa série d'interjections sur un cocorico étouffé qui, infailliblement, fait glousser le public. À la scène suivante, le pompier propose des anecdotes ; ses comparses s'assoient alors autour de lui et l'écoutent jouer quelques mesures sur une flûte à bec avant qu'il ne se lance dans des récits loufoques qu'il fait mine de lire dans un livre géant portant l'inscription « Fables et anecdoctes ».

Le personnage du pompier qui porte une robe de « chevalier » et un gros pendentif, est l'excentricité incarnée. Il modifie son jeu au fil des représentations. L'effet de surprise ainsi obtenu incite ses partenaires à la vigilance, suscite une saine émulation, à moins que, parfois, son extravagance ne les contrarie. Tel jour, il esquisse une danse — il est également danseur —, tel autre, ce pompier obsédé

---

1. Par ce choix, le metteur en scène suggérait-il le conformisme des deux bourgeoises ?

par le feu bondit sur scène avec une chaufferette chargée de braises fumantes !

Mary.

Partenaire et petite amie du pompier, Mary est un personnage haut en couleur qui porte une robe futuriste, soyeuse à souhait. Cheveux de jais sur les épaules, naturellement séduisante, elle a choisi, avec la bénédiction du metteur en scène, d'apporter une touche d'élégance aux dépens de sa patronne « bourgeoise ». Cette inversion des stéréotypes est renforcée par le panache de la comédienne (Jami la Fchouch). Ultérieurement, Christine Disdier reprit le rôle, campant une vamp moulée dans une robe seyante, dont le jeu — qui dosait habilement le comique et le ludique — était comme un clin d'œil permanent au public. Public reconnaissant qui appréciait cet exercice sur le fil du rasoir.

Les Smith et les Martin.

M. Smith qui porte binocles et chapeau melon est mince, élancé, pince-sans-rire, ludiquement raide, très britannique. Britannique comme pouvait l'être ou le paraître le major Thompson de Pierre Daninos. Personnage à la fois curieux, bizarre et étrange... ; Mme Smith possède un tempérament revêche ; la nervosité de sa voix tonitruante, la brusquerie de ses gestes, les regards acérés qu'elle échange avec son époux, ses façons soudaines de s'agripper aux vêtements de celui-ci finissent par susciter une tension qui électrise l'atmosphère. Agressif — ludiquement agressif — ce jeu s'est exacerbé au fil des représentations sans tomber dans l'excès.

Le couple que forment les Smith offre un heureux *effet de contraste* avec les Martin dont les rapports infiniment plus détendus et sereins se reflètent sur leurs visages qui, de temps à autre, s'éclairent, animés par un sourire complice, un air de connivence amusée. Ainsi, en exploitant au mieux les ressorts du théâtre, les comédiens accusent reliefs et contrastes pour le plus grand plaisir du spectateur qui, en connaisseur, savoure un art fondé sur l'expressivité et l'efficacité et, cela va sans dire, sur la *fonction ludique*. Celle-ci est mise en évidence à la scène VIII que nous avons évoquée plus haut, scène célèbre ponctuée de pesants silences, alors que les deux couples, installés dans un salon bourgeois, échangent des regards, s'observent, minaudent ou contemplent avec application le plafond ou leurs chaussures [1]. Bref, l'ampleur considérable du silence, ce vide de la parole, se trouve comblée par une gestuelle efficace, par des mimiques abondantes, donc par un langage muet qui en dit long. Dans ce jeu de scène, comme dans le reste de la pièce, Mme Martin est délibérément campée comme une bourgeoise simplette, un tantinet écervelée, dont le comportement et le rire saugrenus ne manquent pas de piquant.

La qualité du spectacle reflète non seulement la compétence du metteur en scène et de la troupe mais également la complicité qui unit les acteurs, acteurs qui ont plaisir à se faire plaisir, à jouer ensemble, sans rivalité et sans cabotinage. Rien d'étonnant alors à ce que le spectacle donne l'impression d'une mécanique bien huilée, fonctionnant à merveille, soulignant fortement le rythme (notamment à la scène XI) afin que le public, désormais privé de ses repères habituels — intrigue et psychologie — ne connaisse jamais l'ennui. La phase finale de la pièce apparaît, à cet égard, exemplaire. Soumis au jeu de la surenchère, les personnages se battent à coups de répliques vertement assénées, avant que la folie généralisée et l'explosion verbale ne fassent place à une empoignade à laquelle Mary et le pompier mettent fin *manu militari*.

Le recommencement de la pièce, recommencement à peine esquissé, s'accompagne, comme le souhaitait Ionesco, d'une permutation des rôles, les Martin se substituant aux Smith, à ceci près que les répliques des premiers sont proférées avec un fort accent alsacien qui, par l'effet de surprise ainsi créé, déclenche le rire à coup sûr.

Un jeu suggestif.

Comme le vaudeville ou le cabaret, le spectacle offert par l'A.R.T.U.S exploite les ressources du sous-entendu, donc de la grivoiserie, sans tomber dans la gauloiserie. Ainsi, au cours de la

---

1. M. Smith frotte ses mains sur son kilt, Mme Smith bat des mains, Mme Martin enlève ses gants et joue négligemment avec eux, M. Smith remue le pied et touche l'extrémité de sa chaussure avec son index comme si le sort du monde en dépendait !

scène de reconnaissance, M. Martin s'approche à pas feutrés de Mme Martin et, d'une voix langoureuse lui susurre : « vous savez, dans ma chambre à coucher, j'ai un lit. » Quelques répliques plus loin il ajoute sur un ton suave en se serrant contre sa compagne . « nous habitons dans la même chambre et nous dormons dans le même lit, chère madame. C'est peut-être là que nous nous sommes rencontrés ! » (p. 58). À quoi Mme Martin répond froidement . « C'est bien possible que nous nous y soyons rencontrés, et peut-être même la nuit dernière. Mais je ne m'en souviens pas, cher monsieur » (p. 59). Sur ce, elle lui tourne brusquement le dos. Quelques instants après, lorsqu'il a enfin reconnu Élisabeth, Donald s'approche d'elle avec force gestes comiques, lui saute au cou, la saisit sous les fesses, la soulève et l'embrasse longuement après que tous deux sont tombés sur la banquette, tandis que la lumière faiblit discrètement.

Plus loin encore, à la scène VIII, le pompier choisit à son tour de recourir au sous-entendu. Galamment agenouillé aux pieds de Mme Smith, il la touche et, dans un élan impétueux, s'enquiert : « Est-ce qu'il y a le feu chez vous ? » (p. 76). Mme Smith réplique sur le même ton : « Je ne sais pas... je ne crois pas (...) » (p. 76) puis ajoute, d'un air lourd de sous-entendus : « Je vous promets de vous avertir dès qu'il y aura quelque chose » (p. 76). Reprenant la parole, le pompier poursuit son jeu avec l'autre comparse, Mme Martin, à qui il demande sans ambages : « Et chez vous, ça ne brûle pas non plus ? » (p. 77).

Enfin, à la scène IX, alors que Mary, la vamp, roucoule dans les bras du pompier qui la porte — et dont il dit d'un air faussement innocent : « C'est elle qui a éteint mes premiers feux » (p. 88) — M. Martin s'approche de la bonne et affirme, compréhensif : « S'il n est ainsi... chers amis... ces sentiments sont explicables, humains, honorables... » Puis, l'œil gaillard, se permet quelques attouchements auxquels, promptement, Mme Martin mettra fin.

En guise de conclusion.

Le spectacle présenté par l'A.R.T.U.S., joyau finement ciselé par des amateurs de haut niveau, ne s'inscrit pas dans la tradition de l'avant-garde théâtrale qui, de la fin du XIXe siècle à l'aube des années 50, s'efforça de choquer le « bourgeois », le pharisien, de l'extirper de sa complaisance ou de sa suffisance, de le dépouiller d'un conformisme que Flaubert, Léon Bloy, Roger Vitrac et quelques autres n'eurent de cesse de dénoncer. Mais peut-on encore parler d'avant-garde théâtrale ou de « spectacle-provocation » ? Il n'est point aisé de déstabiliser un public en mutation et qui en a vu bien d'autres. Les attaques contre la logique, les lézardes provoquées dans l'édifice de la pensée rationnelle, la capitulation devant la prolifération du non-sens allié à l'instinct de destruction ne choquent plus ; elles font rire. Les temps ont changé. Sciemment ou non, à tâtons parfois, mais en tout cas avec raison, la troupe de l'A.R.T.U.S. a compris que, outre la qualité, seule importait la complicité avec le public, dans le jeu avec lui et pour lui plutôt que contre lui...

5. *LA CANTATRICE CHAUVE :* MISE EN SCÈNE DE JEAN-LUC LAGARCE (THÉÂTRE DE LA ROULOTTE, BESANÇON, ET LF CDN DE FRANCHE-COMTÉ).

Un chroniqueur présente à la fois l'homme et sa réalisation : « Jean-Luc Lagarce, pour sa part, a toujours connu la télévision. Il est né en 1957, l'année du spoutnik et de la première victoire de Jacques Anquetil dans le tour de France. Sa culture télévisuelle inclut très certainement *Benny Hill,* ce qui, on en convient, est assez peu critiquable. Les spectateurs ne s'y trompent pas : " Mais c'est Benny Hill " s'exclamera plus d'un, devant le décor de Laurent Peduzzi et les costumes de Patricia Darvenne. Gazon vert *jelly,* cravates jaunes, tailleurs fuchsia, sacs à main, choucroutes et bibis, haie taillée ras, maisonnette toc et musiquette guillerette, voilà qui réjouira les — nombreux — amateurs de vulgarité britannique.

Donc, Mrs et Mr Smith ne reçoivent pas au salon mais au jardin » (R.S., « La Cantatrice et Lagarce », *Libération,* 6 décembre 1991). La distribution était la suivante : M. Smith : Jean-Claude Bolle-Reddat, Mme Smith : Mireille Herbstmeyer, M Martin : Olivier Achard, Mme Martin : Emmanuelle Brunschwig, Mary : Élisabeth Mazev, le Capitaine des pompiers · François Berreur Décorateur . Laurent Peduzzi.

BIBLIOGRAPHIE CHOISIE

ŒUVRES DE L'AUTEUR

1. *Pièces réunies en volumes*

Théâtre I, Gallimard, 1954 : *La Cantatrice chauve, La Leçon, Jacques ou la Soumission, Les Chaises, Victimes du devoir, Amédée ou Comment s'en débarrasser.*

Théâtre II, Gallimard, 1958 : *L'Impromptu de l'Alma, Tueur sans gages, Le Nouveau Locataire, L'avenir est dans les œufs, Le Maître, La Jeune Fille à marier.*

Théâtre III, Gallimard, 1963 : *Rhinocéros, Le Piéton de l'air, Délire à deux, Le Tableau, Scène à quatre, Les Salutations, La Colère.*

Théâtre IV, Gallimard, 1966 : *Le roi se meurt, La Soif et la Faim, La Lacune, Le Salon de l'automobile, L'Œuf dur, Le Jeune Homme à marier, Apprendre à marcher.*

Théâtre V, Gallimard, 1974 : *Jeux de massacre, Macbett, La Vase, Exercices de conversation et de diction françaises pour étudiants américains.*

Théâtre VI, Gallimard, 1975 : *L'Homme aux valises* suivi de *Ce Formidable Bordel !*

Théâtre VII, Gallimard, 1981 : *Voyages chez les morts. Thèmes et variations.*

Ionesco. Théâtre complet, éd. Emmanuel Jacquart, Pléiade, 1991.

Dans la collection Folio :

La Cantatrice chauve. La Leçon, 1972.

Le roi se meurt, 1973.

Les Chaises. L'Impromptu de l'Alma, 1973.
Tueur sans gages, 1974.
Macbett, 1975.
Rhinocéros, 1976.
Victimes du devoir, 1990.

2. *Récits*

La Photo du colonel, Gallimard, coll. « Blanche », 1962.
Le Solitaire, Mercure de France, 1973 et Gallimard, coll. Folio, 1976.
Contes. Ces quatre contes pour enfants furent publiés chez Gallimard (coll. « Folio Benjamin »), de 1983 à 1985, après l'avoir été
   par d'autres éditeurs.

3. *Journaux intimes*

Journal en miettes, Mercure de France, 1967, et Gallimard, coll.
   « Folio essais », 1993.
Présent passé. Passé présent, Mercure de France, 1968 et Gallimard,
   coll. « Idées », 1976.
La Quête intermittente, Gallimard, coll. « Blanche », 1987.

4. *Recueils d'articles*

Antidotes, Gallimard, coll. « Blanche », 1977. (Ce recueil contient
   l'article suivant : « Les quinze ans de ma cantatrice », *Le Nouvel
   Observateur*, 10 décembre 1964.)
Un homme en question, Gallimard, coll. « Blanche », 1979. (Ce recueil
   contient l'article suivant : « " La Cantatrice " vingt ans après »,
   L'Express Magazine, janvier 1978.)

5. *Esthétique et critique*

Non, trad. Marie-France Ionesco, Gallimard, coll « Blanche »
   1986.

Hugoliade, trad. Dragomir, Costineanu, Gallimard, 1982.

Notes et contre-notes, Gallimard, coll. « Pratique du théâtre », 1962 et « Folio essais », 1991.

Découvertes, Albert Skira, 1969. Illustrations de l'auteur.

Pour la culture, contre la politique. Für Kultur, gegen Politik, Saint-Gall, Erker-Verlag, 1979.

6 *Divers*

Mise en train, éd. Michel Benamou, The Macmillan Co, 1969 (Ionesco a rédigé les dialogues de ce manuel).

Pavel Dan, *Le Père Urcan,* Marseille, éd. Jean Vigneau, 1945 (trad. du roumain par Ionesco et Gabrielle Cabrini).

Le Blanc et le Noir, Gallimard, coll. « Blanche », 1985

La main peint. Die Hand malt, Saint-Gall, Erker-Verlag, 1987.

Pour les scénarios, les ballets et les livrets d'opéras, on se reportera à l'édition critique du *Théâtre complet,* Pléiade, 1991, p. CXIV-CXVI

À propos de *La Cantatrice chauve,* signalons enfin :

La Cantatrice chauve, interprétations typographiques de Massin et photographique d'Henry Cohen, d'après la mise en scène de Nicolas Bataille au théâtre de la Huchette, Gallimard, 1964.

La Cantatrice chauve, film réalisé par Jean Ravel, mise en scène de Nicolas Bataille au théâtre de la Huchette en 1966.

OUVRAGES CRITIQUES

Abastado, Claude, *Ionesco,* Bordas, 1971.

Benmussa, Simone, *Ionesco,* Seghers, 1966.

Bigot, Michel et Savéan, Marie-France, *La Cantatrice chauve et La Leçon,* Gallimard, coll. « Foliothèque », 1991.

Bonnefoy, Claude, *Entretiens avec Eugène Ionesco,* Belfond, 1966. Repris sous le titre *Entre la Vie et le rêve.*

Bradesco, Faust, *Le Monde étrange d'Eugène Ionesco,* Promotion et Édition, 1967.

Coe, Richard, *Ionesco. A Study of his Plays,* Londres, Methuen & co., 1971 (1961).

Donnard, Jean-Hervé, *Ionesco dramaturge ou l'Artisan et le Démon,* Minard, 1966.

Ionesco, Gelu, *Les Débuts littéraires roumains d'Eugène Ionesco (1926-1940),* Heidelberg, Carl Winter Universitätverlag, 1989.

Ionesco, Marie-France et Vernois, Paul, *Colloque de Cerisy. Ionesco. Situation et perspectives,* Belfond, 1980.

Jacquart, Emmanuel, *Le Théâtre de dérision,* Gallimard, coll. « Idées », 1974.

Jacquart, Emmanuel, éd., *Ionesco. Théâtre complet,* Gallimard, Pléiade, 1991.

Lamont, Rosette, éd., *Ionesco, a Collection of Critical Essays,* Englewood Cliffs, New Jersey, Prentice-Hall Inc., 1967.

Lamont, Rosette et Friedman, Melvin, éd., *The Two Faces of Ionesco,* Troy, New York, The Whitston Publishing Company, 1978.

Laubreaux, Raymond, *Les Critiques de notre temps et Ionesco,* Garnier, 1973.

Lazar, Moshe, éd., *The Dream and the Play. Ionesco's Theatrical Quest,* Malibu, Californie, Undena Publications, 1982.

Lista, Giovanni, *Ionesco,* éd. Henry Veyrier, 1989.

Saint Tobi, *Eugène Ionesco ou À la recherche du paradis perdu,* Gallimard, coll. « Les Essais », 1973.

Sénart, Philippe, *Eugène Ionesco,* Éditions Universitaires, coll. « Classiques du XXᵉ siècle », 1964.

Vernois, Paul, *La Dynamique théâtrale d'Eugène Ionesco,* Klincksieck, 1992 (1972).

NOTES

Page 37.

1. *La Cantatrice chauve :* la première version de la pièce qui, selon Ionesco, fut conçue en Roumanie aux alentours de 1941 à 1943, s'intitulait *Englezeste fără profesor,* à savoir : *L'Anglais sans professeur.* Elle avait pour sous-titre *Comedie întru 'un act (Comédie en un acte)* et non « anti-pièce » comme c'est le cas pour la version française que nous connaissons. Le dactylogramme, que nous avons pu consulter, a pour titre général *Teatru (Théâtre).* Il est paginé de 16 à 48 et porte la trace de quelques rares modifications. Ainsi, les didascalies précédant les premières répliques de la scène I sont complétées par des ajouts manuscrits, à savoir les adjectifs *englez, engleze et engleză,* correspondant à *anglais, anglaise(s)* dans le texte français commençant par : « Intérieur bourgeois anglais, avec des fauteuils anglais. Soirée anglaise. »

D'autre part, ce n'est sans doute point l'effet du hasard si dans la préoriginale (*Cahiers du Collège de Pataphysique,* n° 7 à 9, 1952), la pièce était dédiée à un humoriste de renom, Raymond Queneau, auteur des célèbres *Exercices de style* (1947) et membre du Collège de Pataphysique.

Notons enfin que Tristan Bernard est l'auteur d'une pièce intitulée *L'Anglais tel qu'on le parle* (1889).

Dans un autre ordre d'idées, remarquons que la violence est plus marquée dans *L'Anglais sans professeur.* Ainsi, à la fin de la scène I, Mme Smith jette les chaussettes de son mari mais « sort [également] un couteau de son corsage ». Hors de ce contexte ludique, le couteau reparaîtra dans *La Leçon, Victimes du devoir* et *Tueur sans gages* où il est, à chaque fois, l'instrument d'un crime. On notera pour conclure que dans la version roumaine, plus brève, les scènes VII, IX et X n'existent pas. Le personnage du pompier et le poème loufoque intitulé « Le Feu », vociféré par Mary dans *La Cantatrice chauve,* sont donc absents.

2. *Anti-pièce :* divers qualificatifs désignent la volonté de rupture et d'innovation des nouveaux dramaturges des années cinquante qu'on jouait dans les petits théâtres de la Rive gauche. Alfred Simon écrit à ce propos : « Ce théâtre, on l'a appelé " anti-théâtre " parce qu'il prenait le contre-pied du théâtre traditionnel : " théâtre de l'absurde " parce que le non-sens du monde et de l'homme le pénétrait de toutes parts, jusque dans les structures les plus profondes ; " avant-garde " enfin, parce qu'il heurtait de front la critique officielle et le grand public » (cité par P. de Boisdeffre, *Une histoire vivante de la littérature d'aujourd'hui,* Librairie académique Perrin, 7ᵉ éd., 1958, p. 910). Ces remarques n'épuisent pas la liste des qualificatifs qui surgissent sous la plume des critiques, tant en France qu'à l'étranger. Ainsi, on relève les appellations suivantes : *théâtre expérimental, théâtre critique ou protestataire, métathéâtre, farces métaphysiques, comédies sombres, tragi-comédies modernes* et *théâtre de dérision.* Contrairement au terme « absurde », le terme « dérision » ne traîne pas dans son sillage des connotations sartriennes et camusiennes ; il suggère et souligne l'attitude et le point de vue adoptés par l'auteur. Ionesco a d'ailleurs affirmé sans ambages : « Je puis dire que mon théâtre est un théâtre de la dérision. Ce n'est pas une certaine société qui me paraît dérisoire. C'est l'homme » (*Notes et contre-notes,* Folio Essais, p. 190). Pour plus ample information, voir Emmanuel Jacquart, *Le Théâtre de dérision.*

Notons enfin que l'esprit qui anime *La Cantatrice chauve* apparaissait déjà, mais sous une forme plus caustique, dans un ouvrage critique intitulé *Non* publié à Bucarest en 1934 par le jeune Ionesco. *La Cantatrice chauve* est donc moins un début qu'une suite où s'affirme une volonté nihiliste. Celle-ci s'attache à détruire les modèles littéraires et culturels dans les traditions des avant-gardes poétique et théâtrale, bannit la psychologie dans la confection de la pièce et des personnages, le réalisme et la langue littéraire. En revanche, elle s'accommode fort bien du ludique et du comique.

Page 39.

1. Dans *La Quête intermittente,* Ionesco évoque un certain nombre de metteurs en scène et de comédiens, dont Claude Mansard, « mort jeune » (p. 45). Mansard incarna également la Bonne dans *La Leçon* (théâtre de Poche, février 1951) et Roberte père dans *Jacques ou la Soumission* (La Huchette, octobre 1955).

Page 41.

1. Sous forme parodique, l'anglophilie parcourt toute la pièce comme l'attestent les noms des personnages : M. et Mme Smith, Donald et Élisabeth Martin, leur fille Peggy. Mary, la bonne, joue à Sherlock Holmes, et les Martin, tout à leurs retrouvailles échangent un tendre « darling ». Quant aux personnages auxquels les protagonistes se réfèrent, ils se nomment : Bobby Watson, Mrs Parker, Edward, Nancy, William, les Johns, le docteur Mackenzie-King et... Benjamin Franklin ! À l'évidence, les noms de lieux ont également une consonance anglaise : Manchester, Londres, la rue Bromfield. Enfin, « Le Rhume » fait état de la marine britannique et la scène XI présente deux répliques en anglais : « MONSIEUR SMITH : *Monday, Tuesday, Wednesday, Thursday, Friday, Saturday, Sunday.* / MONSIEUR MARTIN : *Edward is a clerk ; his sister Nancy is a typist, and his brother William is a shop assistant* » (p. 94). À quoi s'ajoute un proverbe : « *Charity begins at home* », à savoir : « Charité bien ordonnée commence par soi-même », p. 95.

On notera, d'autre part, que dans *La Puce à l'oreille* (1907) de Georges Feydeau les didascalies précisent à propos du salon des Chandebise : « Style anglais [...] le mobilier est en acajou et de style anglais [...]. Contre la banquette, une de ces grandes papeteries anglaises [...]. Gravures anglaises encadrées dans les panneaux. » *Théâtre complet,* t. III, éd. Henri Gidel, Garnier, 1988, p. 525.

2. Les occupations respectives de M. et Mme Smith sont inspirées par le texte de la méthode Assimil : « M. Smith passe des soirées paisibles entre sa femme et ses enfants [...] chaque jour il apporte à la maison le journal du soir » (A. Chérel, *L'Anglais sans peine,* illustrations de Pierre Soymier, éd. Assimil, 1948, p. 214). « Le reste du temps Mme Smith raccommodait les chaussettes de son mari », p. 260.

Page 43.

1. *Anis étoilé :* graine aromatique de la badiane, arbuste du Tonkin, qui sert à fabriquer l'anisette. Par le recours à ce vocable pittoresque qui sied à son propos, Ionesco ajoute une bizarrerie de plus à la bizarre conversation de Mme Smith.

Page 44.

1. *Popesco Rosenfeld :* à la série des vocables anglais s'ajoutent des noms d'origine diverse : Hélène (mentionnée par Mme Smith, p. 43), Rothschild (p. 85) et Popochef Rosenfeld, nom burlesque qui combine une désinence russe et un patronyme juif. On notera que cet épicier roumain (bulgare dans l'édition Gallimard de 1954) arrive de Constantinople, ville où Ionesco, qui végétait en France, envisageait de se fixer (confidence de l'auteur, 27 novembre 1987). La dernière page du dactylogramme porte d'ailleurs l'inscription « Istambul », appellation contemporaine de Constantinople.

Si dans l'édition originale publiée en 1954 chez Gallimard l'épicier s'appelait Popochef Rosenfeld le dactylogramme du texte roumain et celui du texte français mentionnent tous deux « Popescu Rosenfeld ». On notera que « popo » ou « popou » désigne le derrière, souvent celui d'un enfant. Il paraît probable, toutefois, que l'auteur cherche à susciter le comique en jouant sur la ressemblance du nom « Popochef » avec des noms russes se terminant par le suffixe / εf / comme dans Tupolev, Mendeleïev, Khrouchtchev ou Gorbatchev.

2. Dans ce paragraphe, Ionesco multiplie à plaisir les noms évoquant pays, nationalités ou cultures afin d'aboutir à un pot-pourri absurde et comique. À preuve la liste suivante : Mrs Parker, Popesco Rosenfeld, Constantinople, Andrinople, « yaourt roumain folklorique ». Le nom de l'épicier roumain est fondé sur une dissonance : *Rosenfeld* est un patronyme juif, mais *popesco* renvoie à un référent culturel et religieux orthodoxe puisqu'il désigne celui « qui a dans son ascendance un pope ». La désinence dace-*escu* (ou sa forme francisée -*esco*) marque l'origine. Quant aux deux villes — Andrinople et Constantinople (Istanbul), elles évoquent évidemment la Turquie.

3. Selon Michel Bigot et Marie-France Savéan (éd. de *La Cantatrice chauve* et *La Leçon*, Foliothèque, p. 164), ce docteur a

emprunté son nom à William Mackenzie-King, homme d'État canadien, premier ministre de 1921 à 1930 et de 1935 à 1948, date proche de la rédaction de la pièce.

Page 51.

1. *Dodo !* On notera, au terme de cette scène, que celle-ci fait appel à *l'intertextualité.* En effet, *L'Anglais sans peine* de Chérel fournit à Ionesco les personnages (en l'occurrence les Smith) mais également les techniques propres aux manuels de langue, à savoir : I. Le recours à des *expressions idiomatiques* (s'en lécher les babines, avoir du sel, ce n'est pas l'appétit qui [lui] manque, savoir s'y prendre, s'en mettre plein la lampe) ; II. L'emploi de *vocables nouveaux* par rapport aux leçons précédentes et centrés sur un thème, par exemple la cuisine au début de la scène I (soupe, poisson, pommes de terre au lard, salade, etc.) ; III. Le recours à des *antonymes* (« Elle avait *trop de* poireaux et *pas assez* d'oignons ») ; IV. La présentation de *structures grammaticales,* par exemple le comparatif (« L'huile de l'épicier du coin est de *bien meilleure* qualité *que* [...], même *meilleure que* l'huile de l'épicier du bas de la côte ») et le superlatif (« Pourtant, c'est toujours l'huile de l'épicier du coin qui est *la meilleure...* »). Mais, à l'évidence, le phénomène d'intertextualité sert ici de support au développement du comique et du ludique. Aussi ne s'étonnera-t-on pas d'assister à *la prolifération d'anomalies :* Mme Smith évoque « la tarte aux coings et aux *haricots* », le « vin de Bourgogne *australien* », le « yaourt *roumain folklorique* », yaourt qui, comme chacun sait, « est excellent pour l'estomac, les reins, l'appendicite et *l'apothéose* » ! Dans cet univers farfelu, le docteur Mackenzie-King se fait un devoir de pratiquer d'abord l'opération sur lui-même avant d'opérer son malade. Enfin, dans la famille de Bobby Watson tout le monde s'appelle naturellement Bobby Watson ! Ce phénomène de prolifération, notons-le, se retrouve suivant des modalités diverses, dans toutes les pièces d'Ionesco.

Signalons pour terminer que l'auteur se plaît à détraquer la logique : l'horloge sonne « dix-sept coups anglais », Mme Smith s'exclame alors : « Tiens, il est neuf heures ! », puis considère avoir bien mangé parce qu'elle et sa famille habitent « dans les environs de Londres et que [leur] nom est Smith ». Quant à Bobby Watson, le pauvre, il est décédé il y a deux ans mais les Smith sont allés à son enterrement il y a un an et demi et avaient déjà parlé de son décès il y a déjà trois ans! Inutile d'allonger la liste des exemples. Constatons que nous pénétrons dans un univers insolite, loufoque et tératologique où tout est possible et la logique sens dessus dessous.

Page 53.

1. *Madame :* dans cette scène, le recours systématique à l'épiphore, c'est-à-dire le placement d'un mot à la fin d'un membre de phrase (en l'occurrence « monsieur » ou « madame »), contribue à rythmer le texte et, par l'effet d'accumulation obtenu, à susciter le rire.

Page 54.

1. « Comme c'est curieux! quelle bizarre coïncidence! » On rapprochera le jeu fondé sur la notion de bizarrerie de celui qui caractérise un dialogue extrait d'un film célèbre de Marcel Carné et de Jacques Prévert, *Drôle de drame* (1937), dialogue entre Molyneux et l'évêque de Bedford : « L'évêque : Moi, j'ai dit " Bizarre, bizarre " ? Comme c'est étrange! Pourquoi aurais-je dit : " Bizarre, bizarre " ? / Molyneux : Je vous assure, cher cousin, que vous avez dit : " Bizarre, bizarre " ! / L'évêque : Moi, j'ai dit " bizarre " ? comme c'est bizarre! » Cité par M. Bigeot et M.-F. Savéan, « *La Cantatrice chauve* » *et* « *La Leçon* » *d'Eugène Ionesco*, Gallimard, coll. « Foliothèque » 1991, p. 172.

2. Ionesco joue sur deux tournures idiomatiques anglaises : *half past eight in the morning* et *a quarter to five,* les traduisant littéralement et exploitant ainsi la surprise et le comique qui en résultent.

Page 61.

1. Sherlock Holmes, personnage de Conan Doyle, est le héros de la célèbre série de romans policiers *Les Aventures de Sherlock Holmes* (1891-1925). Il apparaît comme le type du détective amateur utilisant l'observation minutieuse, la déduction et l'induction. Il a pour compagnon le docteur Watson. La logique implicite qui relie les scènes I et V s'inspire, sous forme parodique, des ouvrages de Conan Doyle. En effet, la scene I mentionne une *mort,* celle de Parker, et le *médecin* qui n'a pas réussi l'opération de son patient Sans transition, M. Smith apprend, en lisant le journal, le décès de Bobby *Watson.* Enfin, scène V, contre toute attente, Mary parle de « *secret* », de « *preuve* », de « *coïncidences extraordinaires* » et affirme

que « *tout le système d'argumentation de Donald s'écroule en se heurtant à ce dernier obstacle qui anéantit toute sa théorie* ». Finalement, elle révèle : « *Mon vrai nom est Sherlock Holmes.* » De toute évidence, l'association docteur Watson évoque immédiatement le compagnon de Sherlock Holmes, personnage dont le nom et les méthodes sont repris et parodiés à la scène V. Interrogé à ce sujet, Ionesco reconnaît le bien-fondé de ce que nous avançons. Il précise toutefois que le processus était inconscient (entretien, 27 novembre 1987). La multiplication à l'infini des signifiés pour désigner un même signifiant (Watson) rend toute méthode, inductive ou déductive, inopérante. On notera également que les questions de logique, toujours liées au comique, préoccupent Ionesco. La querelle des Smith à la scène VII et ses séquelles (scène VIII) tournent autour d'un problème spécieux : lorsqu'on entend sonner à la porte, y a-t-il quelqu'un ou n'y a-t-il personne ?

Page 64.

1. Ionesco recherche fréquemment l'incongruité, la rupture de ton, la dissonance. Ainsi, dans ce passage qui met en scène des bourgeois qui ont « *l'air embarrassé et timide* », la chute abrupte d'un niveau de langue à un autre provoque la surprise et suscite le comique.

Page 70.

1 Ah ! comment allez-vous !

Page 78.

1. Ionesco fait évidemment allusion au héros de l'ouvrage d'Oliver Goldsmith, *The Vicar of Wakefield* (1766). Le terme *vicar* désigne un ecclésiastique préposé à l'administration d'une paroisse. Dans *The Vicar of Wakefield*, l'ecclésiastique qui a retrouvé sa fille séduite et abandonnée, regagne son village. Une surprise l'attend · sa maison est détruite par le feu.

2. Dans la Rome antique, la vestale — prêtresse de Vesta — était vouée à la chasteté et chargée d'entretenir le feu sacré.

Page 81.

1. Nicolas Bataille trouvait que, scéniquement, les histoires étaient trop nombreuses « Nous avions demandé à Ionesco d'en

écrire une plus drôle, celle du Renard l'étant moins que les autres.
Il cherchait mais ne trouvait pas. Aux répétitions, pendant ce
temps, l'acteur annonçait son histoire mais ne la disait pas, nous
l'attendions. Un jour, pour nous amuser, il a ouvert la bouche et
s'est mis à la mimer. Nous nous sommes dit, d'un commun accord,
que nous garderions cet effet. Cela faisait une ' incidente " de plus,
cette fois non pas dans les mots, mais dans leur absence. De plus, il
y avait un effet comique parce qu'on lui répond : " MONSIEUR
SMITH : C'est terrible. / MADAME SMITH : Mais ça n'a pas été vrai.
/ MADAME MARTIN : Si. Malheureusement. " Pour une histoire que
l'on n'avait pas entendue » (Simone Benmussa, *Ionesco*, p. 84-85).

Page 86.

1. Le titre originel de la pièce, *L'Anglais sans peine*, ne convenait
pas, Nicolas Bataille et le dramaturge trouvant qu'il soulignait trop
l'aspect « méthode Assimil » de la pièce. Plusieurs essais infruc-
tueux eurent lieu. On s'arrêta d'abord à : *Il pleut des chiens et des chats*,
traduction littérale de *It rains cats and dogs*, équivalent idiomatique
de « Il tombe des hallebardes ». Finalement, lors d'une répétition
un acteur fit un lapsus et substitua « cantatrice chauve » à
« institutrice blonde ». Le titre était trouvé ! (voir la préface, p. 9).

Page 90.

1. *Polycandres* : néologisme inventé par Ionesco à partir du
préfixe *poly* (en grec *polus* = nombreux, abondant) et du latin *candere*
(brûler, être embrasé).

Page 9₁.

1. *Prit feu* : cette variété de répétition placée à la fin d'un ou de
plusieurs membres de phrases a pour nom épiphore et pour fonction
de scander le développement du discours. D'autre part, on notera
que la progression de ce poème absurde repose sur une suite
d'enchaînements et d'oppositions de termes et de notions. Ainsi,
« pierre » appelle « château », « hommes » appelle son contraire
« femmes », « oiseaux » appelle « poissons » dans la mesure où il y
a opposition entre les éléments ou les lieux dans lesquels vivent ces
animaux, à savoir l'eau et l'air (« le ciel »). En outre, Ionesco
évoque les phénomènes qui accompagnent la combustion, c'est-à-
dire « la fumée » et « la cendre ». Ce poème absurde malmène la

logique puisque la plupart des éléments qui s'enflamment sont, en fait, ininflammables. On remarquera enfin qu'en affirmant « le feu prit feu », Mary propose un discours vide de sens. L'enchaînement sériel (pierre, château, forêt, etc.), virtuellement illimité, aboutit ainsi arbitrairement à son terme.

L'épiphore associée au processus d'accumulation et de *prolifération* apparaissait déjà chez Tristan Tzara, écrivain roumain, fondateur du mouvement dada, dont Eugène Ionesco connaissait les œuvres. À preuve un extrait d'une pièce intitulée *La Deuxième Aventure céleste de Monsieur Antipyrine* (1920) qui évoque la douleur lancinante d'une parturiente, douleur équivalant à une sensation d'encerclement à l'intérieur de soi et excluant toute possibilité d'y échapper : « Retourne au plus intérieur centre/cherche le plus intérieur centre/et sur le centre il y a un centre/et sur le centre il y a un autre centre/et sur chaque centre il y a un autre centre/et sur chaque centre il y a un autre centre/et sur chaque centre il y a un centre/sur chaque centre il y a un centre » (Cité par Michel Corvin, « Le théâtre Dada existe-t-il ? », *Revue d'histoire du théâtre*, juillet-septembre, 1971-3, p. 263).

Page 92.

1. Le jeu avec la logique sur lequel reposent par exemple le « comportement » fantasque de la pendule qui « a l'esprit de contradiction, [qui] indique toujours le contraire de l'heure qu'il est » (p. 87), le dialogue ahurissant des Smith sur les Bobby Watson (scène I), le discours parodique de Mary, alias Sherlock Holmes (scènes V, p. 60-61), l'argumentation des Smith et des Martin sur la relation causale qui existe ou n'existe pas entre un coup de sonnette et l'arrivée de quelqu'un (scènes VII et VIII, p. 68-74) reprend de nouveau ici. Le Capitaine se propose d'éteindre un incendie qui ne s'est pas encore produit, mais qu'il peut prédire avec une précision sans égale. On ne s'étonnera donc pas si, pince-sans-rire, Ionesco fait dire à Mme Martin : « Grâce à vous, nous avons passé un vrai quart d'heure cartésien »[1]

2. Cette réplique et celle qui la précède furent ajoutées pour justifier le titre.

Page 93.

1. En laissant libre cours à une imagination sans égale et un sens aigu de la caricature, Ionesco parodie, dans cette scène, les clichés

et les vérités premières qu'il avait relevés dans son manuel d'anglais. Mais, de toute évidence, l'anomalie se glisse volontiers dans les répliques dont la forme tératologique étonne et déclenche le rire. Ionesco fait appel à divers procédés : la comparaison injustifiée (« On marche avec les pieds mais on se réchauffe à l'électricité ou au charbon »), le proverbe déformé (« Celui qui vend un bœuf, demain aura un œuf »), la sentence absurde (« Il faut toujours penser à tout »), la parodie de cliché (« Quand je dis oui, c'est une façon de parler »), le mot d'esprit (« Prenez un cercle caressez-le, il deviendra vicieux ! »), etc.

Page 94.

1. « M. Smith : lundi, mardi, mercredi, jeudi, vendredi, samedi, dimanche. M. Martin : Edward est un employé de bureau ; sa sœur est dactylo et son frère William est vendeur dans un magasin. » Ces deux répliques, citées en anglais, ainsi que celle qui suit (« *Charity begins at home* », p. 95) sont empruntées à *L'Anglais sans peine*. Ici, la fonction ludique parodie les effets de couleur locale. C'était déjà le cas p. 70 lorsque M. Smith s'exclamait « *How do you do !* » (comment allez-vous !) en accueillant le Capitaine des pompiers.

2. Cette réplique à allure de proverbe fait appel à la rime : *lait/palais*. Même procédé plus loin : *chat/rat*, p. 95 *lapin/jardin*, p. 96 · *œuf/bœuf*, p. 97 ; *sourcils/souris*, p. 97 ; *touche/babouche*, p. 97, etc.

Page 95.

1. *Les monophysites*, hérétiques orientaux du Vᵉ siècle, croyaient à la nature unitaire du Christ (du grec *monos*   seul, unique), sa nature humaine étant absorbée dans la divine.

2. La version roumaine se présentait comme suit : « *Hîrtia este pentru scrisi, pisica este pentru şoarece, brînza este pentru zgîriat* », c'est-à-dire : « Le papier, c'est pour griffer, le chat c'est pour le rat, le fromage c'est pour griffer » Cette phrase absurde repose sur l'exploitation d'une expression roumaine — « zgîrie-brînza » — dont la traduction littérale est « griffe-fromage », mais qui signifie « avare ».

3. Ce proverbe anglais signifiant « charité bien ordonnée commence par soi-même » figure dans la leçon 48 de la méthode *Assimil*.

Page 96.

1 *Kakatoes :* terme qui apparaît dix fois de suite, alors que dans les répliques suivantes « quelle cacade » apparaît neuf fois et « quelle cascade de cacades » huit fois. Les allitérations et l'accumulation de répétitions qui en résultent participent à la création d'une atmosphère survoltée (« *l'hostilité et l'énervement [vont] en grandissant* », p. 95-96) et font songer aux exercices de diction proposés aux comédiens. On notera, d'autre part, qu'elles soulignent le même terme enfantin *caca.* Il en va de même, plus loin, p. 97, pour la série jouant sur les termes *cacaoyer, cacaoyère* (plantation de cacao) et *cacahuète.* La veine scatologique que Freud considérait comme l'une des sources traditionnelles du rire, et les allusions aux fonctions naturelles jalonnent la pièce. Ainsi, Mme Smith mange trois fois des pommes de terre car, dit-elle, « Ça me fait aller aux cabinets » (p. 42) ; Mary, elle, s'achète un pot de chambre (p. 52) ; quant à M. Martin, il précise que sa chambre se trouve « entre les water et la bibliothèque » (p. 58).

2. *Cacade* (terme vieilli) : brusque évacuation d'excréments, diarrhée. Par glissement métaphorique, il peut signifier une retraite honteuse.

Page 97.

1. La caque est une barrique où l'on entasse (encaque) les harengs. Dans la réplique péjorative de Mme Smith, l'épithète *encaqueur,* par son allure injurieuse, son préfixe *-en* et son suffixe *-eur* fait évidemment songer à une autre épithète — scatologique — connue de tous.

2. *Cagna :* de l'annamite *kai-nhà* « la maison ». Argot militaire : abri et, par extension, cabane, cahute.

3. Dans cette dernière scène dont la tension va croissant Ionesco varie les procédés. On passe de la réitération d'un même terme *(Kakatoes, cacade, cascade)* à l'allitération (« Cactus ! coccyx ! cocus ! cocardard ! cochon ! »), à des termes jouant à la fois sur le retour des mêmes sonorités vocaliques (/i/, /u/ : souris, sourcils) et sur l'alternance de consonnes sourdes (/ ʃ /) et sonores (/ ʒ /) nécessitant de la part de l'acteur un effort d'articulation (touche, babouche, bouge, la mouche bouge). Plus loin, p. 98, Ionesco fait allusion à deux poètes (Sully Prudhomme et François Coppée)

en séparant artificiellement prénom et patronyme par l'alternance des répliques, puis procède à un regroupement volontairement erroné (Coppée Sully, Prudhomme François). Plus loin encore, il revient au procédé initial qui repose sur le retour des mêmes termes dans une série (« Espèces de glouglouteurs »), puis fait appel au calembour (« Le pape n'a pas de soupape »), à l'allitération (« Bazar, Balzac, Bazaine »), à l'éclatement du langage en ses composantes vocaliques (a,e,i,o,u) et consonantiques, à la fonction ludique (« teuf, teuff », etc.), à la décomposition d'une phrase en ses composantes, et finalement à une série réitérée et vociférée en chœur. La critique n'a pas suffisamment noté que dans *La Cantatrice chauve* les efforts déployés par Ionesco pour faire exploser le langage s'inscrivent, plus qu'il ne le dit ou ne le croit, dans la *tradition du théâtre dada* d'un autre Roumain, Tristan Tzara que nous avons déjà évoqué dans la note 1 de la page 91, auteur de *La Première Aventure céleste de Monsieur Antipyrine* (1916) et de *Cœur à gaz* (1938). Sous une forme plus radicale que son successeur, Tzara recherchait l'incohérence, forme verbale de la négation, la violence, la provocation, l'insulte, le cri, la répétition monotone d'une formule creuse, la reprise en écho d'une phrase inepte, la juxtaposition de mots sans lien, l'accumulation d'allitérations, de rimes, etc., aux dépens de la compréhension et de l'esthétique qui jouent un rôle de troisième ordre. Tzara affirma sans ambages : « [...] les proverbes et les sons, les faux-mots, la syntaxe brisée, les haillons de phrases et les pseudo-chansons aussi sordides qu'imbéciles ont servi de matière première à Éluard, Aragon, Breton, Soupault, Arp, Picabia, Ribemont-Dessaignes et aux autres poètes dada. La Campagne de dévalorisation de l'œuvre d'art et de poésie battait son plein. » (Préface à *L'Aventure dada (1916-1922)*, recueil édité par Georges Hugnet, Seghers, 1971). Toutefois, dans le domaine de la parodie des clichés et de la satire de la bourgeoisie — et, plus généralement, de la bêtise humaine — Ionesco avait à sa disposition une tradition qui remontait à *Bouvard et Pécuchet* de Flaubert en passant par *L'Exégèse des lieux communs* de Léon Bloy et par *Victor ou les enfants au pouvoir* de Roger Vitrac.

Page 98.

1. *Scaramouche*, l'un des plus anciens personnages du théâtre italien, est subtil, hâbleur et tout de noir vêtu.

2. Citation déformée et burlesque d'un poème de Sully Prud-homme (1839-1907), « Le Vase brisé » (1869) qui s'achève sur ce vers : « Il est brisé, n'y touchez pas. » Ce poème propose une analogie entre le vase brisé et le cœur meurtri.

François Coppée (1842-1908), poète peu lu aujourd'hui, eut son heure de gloire. Il fut élu à l'Académie française en 1884.

3. Krrishnamourti : philosophe indien né en 1895 qui fit ses études en Angleterre où il devint le chef d'une secte théosophique qu'il décida de dissoudre en 1929.

4. Dans *L'Anglais sans professeur*, Ionesco exploitait également les jeux phonétiques et rythmiques. Ainsi, la version roumaine propo-sait : « *Popa pîrlitul, pîrlitul popii* », c'est-à-dire « Pauvre pope, le pauvre du pope. » En français, la série allitérative est donc plus loufoque.

5. Bazaine (1811-1888), maréchal de France qui se distingua lors de la guerre de Crimée et lors de la campagne d'Italie. Cependant, en 1870, il capitula sans offrir de résistance lors du siège de Metz par les Prussiens et fut condamné à mort pour trahison. Il s'évada de prison et termina sa vie en Espagne. Son nom resta pour ses contemporains synonyme de déshonneur.

RÉSUMÉ

Résumer une « *anti-pièce* » ? Une gageure ! *La Cantatrice chauve*, œuvre sur laquelle règne l'esprit de dérision prend le contre-pied de la tradition, notamment en faisant fi de l'intrigue, de la psychologie et de la vraisemblance auxquelles elle substitue — à tâtons mais avec succès — divers procédés, dont une construction rythmique combinant les ruptures, les séries et l'accumulation et évoluant vers un paroxysme suivi d'une chute.

Cette pièce divisée en onze scènes, dont deux minuscules (la troisième comprend une réplique de trois lignes et la sixième deux répliques), présente, au lever de rideau, Mme Smith dans un « intérieur bourgeois », reprisant des chaussettes tout en débitant des fadaises tandis que son époux, qui lit son journal avec application, l'interrompt de temps à autre et que la pendule sonne de façon loufoque.

Très brève, la scène II introduit Mary, la bonne qui annonce l'arrivée des invités auxquels, à la scène suivante, elle adressera la parole de façon incongrue et délibérément agressive. La scène IV, scène de reconnaissance traitée sur le mode ludique, présente le dialogue ahurissant des époux Martin. Après quoi, dans un discours-clin d'œil adressé directement au public, Mary parodie l'esprit des romans policiers de Sherlock Holmes.

Après les deux répliques des Martin (scène VI) suit un dialogue qui réunit les deux couples, dialogue d'abord ponctué de longs silences gênés (démesurément étirés de façon à susciter le rire du spectateur), puis truffé de remarques cocasses mettant la logique sens dessus dessous à propos d'une question évidemment oiseuse : quand on sonne à la porte y a-t-il oui ou non quelqu'un ?

La scène VIII qui s'ouvre sur l'arrivée du Capitaine des pompiers et se poursuit dans la même tonalité que la précédente, multiplie les anecdotes absurdes.

La scène IX qui fait la part belle au duo amoureux de Mary et du pompier se clôt sur la récitation du poème intitulé « Le Feu » et la sortie forcée de Mary. Suit alors un commentaire désopilant qui réunit les quatre autres personnages.

Quant à la scène finale, elle s'ouvre sur une série de faux clichés exploitant l'incongruité, puis se prolonge par une kyrielle de vocables reposant sur l'allitération et les jeux phonétiques, le tout proféré sur un rythme qui, comme la nervosité des personnages, va croissant jusqu'à atteindre un paroxysme. Enfin, après un silence renforcé par l'obscurité, « la pièce recommence avec les Martin qui disent exactement les répliques des Smith dans la première scène tandis que le rideau se ferme doucement ».

DU MÊME AUTEUR

Dans la même collection

COLLECTION FOLIO THÉÂTRE

Composition et impression Bussière
à Saint-Amand (Cher), le 3 avril 2008.
Dépôt légal : avril 2008.
1ᵉʳ dépôt légal dans la collection : février 1993.
Numéro d'imprimeur : 081211/1.
ISBN 978-2-07-038653-6./Imprimé en France.

160456